【文庫クセジュ】

クレオパトラ

クリスティアン＝ジョルジュ・シュエンツェル 著
北野 徹 訳

白水社

目次

序　文　9

第一章　プトレマイオス朝、クレオパトラの祖先　14

I　エジプト滞在中のアレクサンドロス大王

II　プトレマイオス一世

III　プトレマイオス朝エジプトの絶頂期（前二八三～二〇三年）

IV　衰退期のプトレマイオス朝（前二〇三～八〇年）

第二章　プトレマイオス十二世、クレオパトラの父　24

I　プトレマイオス十二世とクレオパトラ六世

II　プトレマイオス十二世とローマ

III　アレクサンドリア住民の反乱

IV　アウレテスの二度目の統治

第三章　クレオパトラとカエサル　32
Ⅰ　クレオパトラ七世とプトレマイオス十三世（前五一～四八年）
Ⅱ　エジプト滞在中のカエサル（前四八～四七年）
Ⅲ　カエサリオン
Ⅳ　女王のローマ滞在（前四六年十月～四四年三月）
第四章　クレオパトラとアントニウス　48
Ⅰ　内乱時代におけるクレオパトラの姿勢（前四四～四二年）
Ⅱ　タルソスでの会見――アフロディテとディオニュソス（前四一年）
Ⅲ　独りぼっちのクレオパトラ（前四〇～三七年）
Ⅳ　シリア滞在中のアントニウスとクレオパトラ（前三七年冬～三六年）
Ⅴ　パルティア遠征（前三六年）
Ⅵ　対アルメニア凱旋と体育場の式典（前三四年）
Ⅶ　宣戦布告――ローマとオリエントの対決
Ⅷ　アクティウム（前三一年九月二日）

第五章　アントニウスとクレオパトラの死——70
Ⅰ　アレクサンドリアでの最後の冬（前三一～三〇年）
Ⅱ　アントニウスの自殺
Ⅲ　オクタウィアヌスとクレオパトラ
Ⅳ　クレオパトラの自殺
Ⅴ　エジプト問題の解決
第六章　女王と王政のイデオロギー——83
Ⅰ　贅沢な生活
Ⅱ　女王の側近
Ⅲ　クレオパトラの肖像
Ⅳ　夫婦の図像——クレオパトラとカエサリオン、アントニウスとクレオパトラ
Ⅴ　権力のシンボル
Ⅵ　王政のイデオロギー
Ⅶ　君主礼拝
Ⅷ　クレオパトラとエジプトの神殿

IX. クレオパトラ死後の民衆礼拝

第七章　クレオパトラのエジプト――113

I　クレオパトラのアレクサンドリア
II　国の行政
III　クレオパトラの軍隊
IV　女王のギリシア＝エジプトの同時代人
V　深刻な経済困難

第八章　クレオパトラの神話――127

I　クレオパトラの「美」
II　宿命的な女性
III　「飽くなき欲望を持った女性」
IV　女王とラテン詩人
V　中世から二十世紀の文学に登場するクレオパトラ
VI　近代の伝記作家

Ⅶ　絵画と彫刻に登場するクレオパトラ
Ⅷ　音楽と映画
結　論 146
用語解説 148
年　表 152
訳者あとがき 157
プトレマイオス朝系図 160
追加図版（地図） 162
参考文献 ix
索　引 i

序文

女王クレオパトラが、アレクサンドロス大王とユリウス・カエサルとともに古代史上最も有名な人物の一人であることに異論はない。かくも有名になった理由はそのほとんどが、彼女の、ユリウス・カエサル、ついでマルクス・アントニウスとの関係、彼女が自分の子供のために建設を夢見ていた帝国、そして彼女が女性であるという事実に基づいていると言える。大半の古代の著述家は、アクティウムの勝者オクタウィアヌス〔のちのアウグストゥス〕が押しつけた誇張されたイメージに基づき、クレオパトラを、破滅を招き、堕落へ陥れる、背徳的な女性であるとした。十六世紀以来、クレオパトラは、復権を認められたり、断罪されたりして、神話上の人物となった。詩人・劇作家・画家・映画人には、自由奔放にその人物像を描こうとする者も多い。こんにち、何人ものメディアやアンティゴネがいるように、何人ものクレオパトラがいると言えよう。

しかしながら、この女王について知られていることは、歴史的事実というより、彼女の死後につくられた神話に基づいていることが多いのである。かくしてクレオパトラは特異な人物として出現する。神話では遍《あまね》く知られているが、歴史の視点からは驚くほど誤解されたままである。一例を挙げよう。「エジプトの女性」クレオパトラがプトレマイオス家出身のギリシア＝マケドニア人であることを、何人の方がご存知であろうか。

本書の目的は、歴史的人物と神話上の人物とを厳密に区別しながら、女王クレオパトラを解明することにある。

ところで、現代の歴史家は、歴史上のクレオパトラを再発見するため、どのような資料を持ちあわせているのだろうか。

まず以下、本書に引用する古代の作家について述べておこう。

プルタルコス（五〇年頃～一二五年頃）は、カイロネイア〔デルフィ東方四〇キロメートル〕生まれの、ギリシア語で執筆した歴史家兼モラリストであり、『カエサル伝』においてカエサルとクレオパトラの会見を描いた。また『アントニウス伝』では、女王と三人委員のうちの一人、アントニウスとの関係を自殺にいたるまで追跡した。その叙述はまさに秀作である。このモラリストによると、アントニウスは、デメトリオス・ポリオルケテス[1]と比較され、とくに真似してはいけない人物の例とされている。プルタルコスは、みずからの道徳的見解を例証するのに適した、好奇心をそそる、逸話のごとき些細な話題を重視しすぎていると非難されることが多い。いずれにしても、その結果、プトレマイオス朝末期がきわめて生きいきと描かれたのである。女王の没後一〇〇年を経過してから書かれたものではあるが、プルタルコスは諸々の事実について比較的正確な知識を有していた。この大碩学は、こんにち散逸してしまった当時の資料にも精通していた。さらに、間接的な口頭証言も利用することができた。たとえば、みずから述べているように、祖父ランプリアスの友人に、クレオパトラ治世下にアレクサンドリアで学び、宮廷にも招じ入れられた医者のフィロタスがいた。したがって、全面的に信用してはならないが、終始一貫すべてを疑ってもならないのである。

（1）アレクサンドロス大王の遺将アンティゴノスの子。プルタルコスは彼について『デメトリオス伝』ならびにアントニウスと比較した対比論を著わした。軍事的能力に秀で、マケドニア国王（在位：前二九四〜二八三年）となったが、政治的力量に欠けていた〔訳注〕。

クレオパトラの治世に関する第二の基本テクストは、ディオン・カッシオス（ニカイア生まれ、一五五年頃〜二三五年頃）の『ローマ史』である。歴史の観点からは、ディオン・カッシオスのほうがはるかに詳しく、プルタルコスの著作に対して必要不可欠な補足をしてくれる。

ユダヤ人フラウィウス・ヨセフス（三七／三八年〜一〇〇年頃）の『ユダヤ古代誌』と『アピオンへの反論』、ならびにアッピアノス（二世紀）やスエトニウス（九〇〜一五〇年）の『カエサル伝』と『アウグストゥス伝』にも、クレオパトラに関する件《くだり》がある。最後に述べておくと、ウェッレイウス・パテルクス（前一九年〜後三〇年）、大プリニウス（二三〜七九年）、フロルス（一〜二世紀）、アウルス・ゲッリウス（二世紀）の著作も、クレオパトラに言及している。

これらの著者は、総じて、諸々の事実が生起した時代より後世の生まれであり、エジプトに敵対的なオクタウィアヌスの宣伝の影響を受けている。したがって、女王に関しては多かれ少なかれ否定的なイメージが伝えられているのである。

同時代の証言はきわめて少ない。キケロを挙げておこう。彼は友人アッティクス宛の書簡（『アッティクス宛書簡集』一五、一五）でクレオパトラに対する憎悪を吐露した。ストラボン（前五八年頃〜後二五年頃）はアウグストゥス統治下のアレクサンドリアを訪問する（『地理書』一七）。同じく指摘しておかねばならないのが、ユリウス・カエサルの『内乱記』（彼の秘書官ヒルティウスが執筆した可能性のほうが大）や、ヒルティウスの作とされたり、作者不詳とされたりする『アレクサンドリア戦記』である。この二つの書物はカエサル派の宣伝に使われたので、カエサルの栄誉を説明するのに都合が悪い事項は、すべて細心の注意を払って除かれている。したがって、これらのテクストは若き女王に関してはそっけなく中立を守っており、カエサルの恋愛についてはひと言の説明もない。最後に挙げておくが、ヘロデ一世に仕えるまえに、クレオパトラの子供たちの傅育官《トロフェウス》〔巻末用語解説参照〕であった、ダマスクスのニコラオスが著わした作品の断片が一部伝存している。

ラテンの詩人たちは、この女王の、変形された、ときには侮蔑的なイメージを普及させた。ウェルギリウス（『アエネイス』）、プロペルティウス（『エレギア』）、ホラティウス（『詩集』一、三七）、そしてずっとのちのルカヌス（『ファルサリア』）の場合がそうである。

クレオパトラ時代の知見、なかでもエジプトの内政事情は、パピルス学や碑文学の資料にも依拠している。これらのテクストはギリシア語で記されているが、ヒエログリフや民衆文字（デモティック、プトレマイオス朝時代のエジプト人がふつう使っていた文字）でも書かれており、本書にも引用した数多くの選集や研究書によって利用することができる。何回も取りあげた著作は参考文献に挙げておいた。とはいっても、紀元前一世紀はパピルス資料に最も恵まれた時代ではない。

主要な知見を構成しているもう一つの資料は考古学である。十九世紀末以来、クレオパトラの首都アレクサンドリアでその研究が行なわれている。マムード知事（イスマイル・パシャ殿下の天文学者）は、この都市のいくつかの地点で何回も探査を実施した。その結果、プトレマイオス朝の古都に関する地誌を研究することができた（一八六五年）。しかし、彼が行なった同定作業はD・G・ホガルトや、アレクサンドリアのギリシア＝ローマ博物館の初代館長であったG・ボッティによって厳しい批判を浴びた。この二人は独自に研究を進めたが、それに続くのが、G・ボッティの後継者E・ブレッチア、ついで一九三四～五三年の同博物館館長A・アドリアーニである。

一九九二年からは、J＝Y・アンプルール率いるアレクサンドリア研究センターが地上と海底で発掘を行なっており、クレオパトラの古都に関する知見はさらに深化しつつある。

第一章　プトレマイオス朝、クレオパトラの祖先

I　エジプト滞在中のアレクサンドロス大王

「アレクサンドロスは全軍とエジプトへ入り、危険な目に遭うことなくエジプトの諸都市を占領した。というのは、ペルシアが神殿を冒瀆し、苛酷な統治を行なっていたので、エジプト人はマケドニア人を歓迎したからである」（『歴史叢書』一七、四九、一〜二）。歴史家シチリアのディオドロス(1)のこの言説は、紀元前三三二年の秋、マケドニアの侵攻に直面して、ペルシアの抵抗がすべて瓦解したことを示している。アレクサンドロスはペルシアの軛《くびき》に辟易していたエジプト人によって、解放者として歓迎された。エジプトの州総督（サトラペス）マザケスは、無条件降伏する以外に手がなかったのである。

（1）ギリシア人の歴史家〔前九〇年頃〜前一世紀末〕。『歴史叢書』により、東方の古史からカエサルのガリア征服までを編年体で記した〔訳注〕。

マケドニアの征服者アレクサンドロスは、エジプト人の好意と敬意を裏切らないことが利益になることを肝に銘じていたので、原住民の風習を最大限尊重し、地元の神々、「とくにアピス神」（フラウィウス・アッリアノス『アレクサンドロス大王東征記』三、一）、すなわちメンフィスで祀られていた牡牛、に犠牲を捧げた。おそらく、プタハ神(1)の神官によって迎えられ、メンフィスにあるアピス神の神殿でエジプト

の祭儀にのっとって戴冠されたのだろう。この行為が、新来者が地元の聖職者と妥協を図る政策、アレクサンドロスを継承したプトレマイオス朝がエジプトで続ける政策を決定づけた。この王朝の最後の代表者がクレオパトラなのである。

(1) メンフィスの天地創造の神で、人間の姿で表わされる。泥をこねて人の形をつくり、鼻から息を吹き込んで、最初の人間を創造した。アピス神はこの神の副神で、牡牛の姿で表わされる〔訳注〕。

つぎの二つの出来事はアレクサンドロスのエジプト通過と関連がある。一つは都市アレクサンドリアの創建であり、他は、アレクサンドロスが行なったリビア砂漠のアンモン〔現スィーワ〕にあるオアシスへの旅である。プルタルコスによると、「アレクサンドロスは、人口の多いギリシア風の大都市を建設し、それにみずからの名前を付けようとした」(『アレクサンドロス伝』二六)。この計画からアレクサンドリア〔追加図版Ⅵ参照〕が建設されたのである。工事は建築家であるロドスのディノクラテスに託され、紀元前三三一年一月に着工された。プルタルコスによると、征服者みずから、北側は地中海、南側はマレオティス湖が岸辺を洗う帯状の大陸の地の、約一キロメートル沖に位置するファロスという小さな島——すでにホメロスが言及していた島——に白羽の矢を立てた。アレクサンドロスは、人工の突堤によって島と大陸を結ぶ。この突堤は長さが七スタディオン(一スタディオンは一七七・六メートル)あり、そのためヘプタスタディオン〔「七スタディオン」の意〕と呼ばれた。この大突堤によって港が二つできた。西側のエウノストス港〔「幸帰港」の意〕と東側の大港である。かくして、アレクサンドリアは船舶に対し、風に応じて避難できる二つの港を提供できるようになった。他方、運河系統も整備され、この都市とカノポス河口が結ばれた。この河口そのものは、現在消滅してしまっているが、ナイル川デルタの西方にあった。このカノポスを経由して、商船はナイル渓谷を遡航したのである。

ついでアレクサンドロスはアンモンの神託を伺いに行こうと考えた。この巡礼がまさにアレクサンドリアの転機であったことを認める点では、古代の著述家の見解は一致している。神託を伺う神官によって「ゼウスの子」と崇められたので、そのあと彼はみずからを礼拝するよう要求した。このアンモンのエピソードは君主制の神権的概念の始点と考えられ、以後、アレクサンドロスの後継者もこれを継承した。このようにして、プトレマイオス朝のもとで君主礼拝が始められ、クレオパトラが神の姿で出現し、政治＝神学的に華々しく表現されたことは、アレクサンドロスが神々を表敬訪問したことの直接的な結果と考えられる。

紀元前三三一年春、アレクサンドロスは、エジプトの州総督《サトラペス》の職をナウクラティスのギリシア人クレオメネスに託し、エジプトを離れた。

Ⅱ　プトレマイオス一世

紀元前三二三年、アレクサンドロスがバビロニアで夭折したあと、マケドニアの将軍たちは、知能が劣るアレクサンドロスの異母兄フィリッポス・アッリダイオスを王と宣言し、アレクサンドロス帝国の州（サトラペイア）を分担した。

エジプトを得たのはラゴスの子プトレマイオスである。アレクサンドロスの忠実な仲間であったこの偉大なる武人は、おそらく、この州が豊かで、自然の国境によって防衛しやすく、戦術的に重要であることを認識していたのだろう。事実、紀元前三二一年以降、州総督プトレマイオスはみずからの選択が正しかったことを実感する。バビロニアで帝国の「摂政」に任命されたペルディッカス〔アレクサンドロス大王の遺将〕は、エジプトへの侵略を試みるが失敗した。彼はみずからの軍隊によって斬殺され、その死にともなって、プトレマイオスの威信がかなり高まった。紀元前三二一年のシリアの都市トリパラディソスで合意された領土分割において、彼のエジプト領有が確認された。代官オフェッラスはプトレマイオスからキュレナイカ（エジプトの西方）の軍事併合をまかされ、勝利してアレクサンドリアへ帰還した。したがって、この新たな征服によって、州総督《サトラペス》プトレマイオスは、トリパラディソスで得た領土を拡大することができたのである。彼は広大な帝国の先頭に立つことになった。

アレクサンドロスの後継者たち（ディアドコイ）のあいだで絶え間なく紛争が続き、アレクサンドロスの帝国は分裂した。紀元前三〇六年から三〇五年に、州総督たちは次々と王を僭称する。ここにプトレマイオスは王（バシレオス）となった。彼は鉢巻状の王冠（ディアデマ）を着け、この王冠がヘレニズム王権の記章となった。紀元前三〇四年以降、みずからの添名として「ソテル」（「救済者」の意、神々の主ゼウスの添名でもある）を名乗る。

彼の後継者たちもこの例にならい、王朝の末期には、王の名前にいくつかの添名を並べることが慣例となった。

プトレマイオス一世ソテルの治世（前三〇五～二八三年）は、エジプトの安定期に当たる。この王は、みずからの利益のためにアレクサンドロス帝国を再興する野望を抱いていた隻眼のアンティゴノスに対抗し、他の後継者たちと同盟を結んで、共同戦線を張ることを約束したが、その戦争には加わらなかった。それにもかかわらず、紀元前三〇一年、コイレ・シリア（シリア南部、ヨルダン渓谷に地溝があるため「コイレ」（窪んだ）と呼ばれる）を占領した。アシアを治めるセレウコス一世もこの領土をみずからのものと主張していたので、この地が、歴史上、プトレマイオス朝とセレウコス朝を対立させる、いわゆる一連の「シリア戦争」の原因となった。

紀元前二九五年から二八七年までに、プトレマイオス一世はキプロスやエーゲ海の島々を手中に収め、大艦隊によってみずからの権限のもとに置いた。王はとくにキュクラデス諸島を再編成する「ネシオタイ同盟」(1)の「保護者」となった。

（1）前三一五年ごろ、マケドニアのアンティゴノス一世がエーゲ海を支配するため設立した同盟。プトレマイオス一世がこの同盟の保護者となったので、プトレマイオス朝は陸海両面で強力になった〔訳注〕。

プトレマイオス一世はエジプトにおける宗教政策でも有名である。アレクサンドロスを公的祭祀の対象と定め、「アレクサンドロスの神官」と呼ばれる特別の神官にその祭祀を任せた。さらに、ヘレニズムの神々であるゼウスやハデス、それにエジプトの死者の神オシリスとメンフィスの牡牛アピスから借用した要素を用いて、セラピスという新しい神を創生した。アレクサンドリアには、アレクサンドロス大王の遺骸を収める霊廟《セマ》を築造し、南西部にセラピス神に奉献された大神殿（セラペイオン）も建設した。

プトレマイオス一世は、紀元前二八三年におよそ八十五歳で世を去った。

Ⅲ　プトレマイオス朝エジプトの絶頂期（前二八三〜二〇三年）

プトレマイオス二世フィラデルフォス〔愛姉者〕はプトレマイオス一世ソテルとベレニケ一世の子で、紀元前二八五年に父と共同統治を開始し、紀元前二四六年に他界するまで王位にあった。彼は両親をテオイ・ソテレス（救済神たち）という神名で神格化した。アレクサンドリアがその繁栄の極みに達したのは、彼の治世下においてである。

詩人ヘロンダスが登場人物に「あらゆるもの、地上に存在するものすべてがエジプトにある。富、レスリング場《パライストラ》、権力、晴天、栄光、見世物、哲学者、黄金、美青年、兄弟神たちの神殿、英邁な王、学術研究所[1]（ムセイオン）、ワイン、人が欲する良きものすべて、おびただしい数の女性……がそれだ」〔『やり手、または、とりもち婆』（ミモス劇I）〕と語らせたのは、この時代のことである。

（1）各時代の偉大な学者が招かれて研究に従事した場。この言葉は、本来「学芸の女神（ムーサイ、英語でミューズ）を祀る場所を意味するが、のちに博物館（ミュージアム）の語源となった〔訳注〕。

プトレマイオス二世は実姉のアルシノエ二世と再婚する。紀元前二七〇年、夫婦はテオイ・アデルフォイ（姉弟神たち）として神格化された。アレクサンドリアではこの夫婦のために特別の神殿が建造され、その祭祀はアレクサンドロスの祭祀と融合された。

プトレマイオス三世エウエルゲテス〔善行者〕（プトレマイオス二世とその最初の妻アルシノエ一世の子）は、当初戦争に見舞われたものの、エジプトで平和と繁栄に恵まれた素晴らしい時代を磐石《ばんじやく》のものとした。

プトレマイオス朝に弱体化の兆しが見えはじめるのは、プトレマイオス四世フィロパトル〔愛父者〕（前二二一～二〇三年）の時代である。ポリュビオス〔『世界史』一四、一二〕によって、ものぐさな遊び人と紹介されたこの王は、紀元前二一七年、ラフィアの戦い[1]で勝利を収めたにもかかわらず、王国の統治に関心を失い、政務を大臣たちに任せた。紀元前二一六年以降、エジプト人が王国の役人の苛斂誅求《かれんちゆうきゆう》に立腹、何度も蜂起を重ねるという災難に見舞われる。他界したとき、プトレマイオス四世は内戦の真っただなかにある王国を後継者に託したのである。

（1）プトレマイオス四世がセレウコス朝のアンティオコス三世を撃破した戦い〔第四シリア戦争〕。

Ⅳ　衰退期のプトレマイオス朝（前二〇三～八〇年）

プトレマイオス五世エピファネス〔顕在者〕（前二〇三～一八一年）は、即位したときわずか六歳であった。大臣たちはエジプトの平定に没頭し、反乱の鎮圧に成功した。しかし、寛容と寛大をも示した。とくに王政と盟約を結んだエジプトの神官に対してそのような態度をとった。プトレマイオス五世はエジプトの祭儀に基づいてファラオに就任したプトレマイオス朝最初の王である。以後、後継者たちは必ず彼の例にならう。

紀元前一八一年、プトレマイオス五世がこの世を去ったとき、反乱は鎮圧されていた。しかし、エジプトは弱体化し、コイレ・シリアを失っていた。セレウコス朝のアンティオコス三世によって、紀元前一九八年に併合されていたからである。

女王クレオパトラ一世〔プトレマイオス五世の妻〕は、若年の子プトレマイオス六世フィロメトル〔愛母者〕の摂政となり、紀元前一七二年に他界するまで、なんとか王国の平和を維持した。しかし、紀元前一七〇年、エジプトはセレウコス朝のアンティオコス四世の侵攻を受けたが、ローマの介入によって、失地を回復しなければならなかった。ローマ元老院のアレクサンドリアへの使節C・ポピッリウス・ラエナスが、アンティオコス四世に対しエジプトからの撤退を命じたのである。ローマ国民の反感を恐れ、このセレウコス朝の王は征服地を放棄する道を選び、ただちにエジプトから撤退した。このようにしてローマは紛争の調停者として認められることになった。

つづく数十年間、ローマの役割は増大しつづける。とはいっても、王朝の内紛が原因であったので、その責任は、まずプトレマイオス王たちが負うべきである。紀元前一六四年、プトレマイオス六世フィロメトルは、のちにプトレマイオス八世エウエルゲテス〔善行者〕となる弟によってエジプトから追放された。プトレマイオス六世は、元老院の援助を要請するためローマへ赴き、ローマに対し再びオリエントの問題に干渉するお誂え向きの機会を与える以外、採るべき名案が浮かばなかった。紀元前一六三年、ローマは二人の兄弟に王国の分割を命じた。プトレマイオス六世フィロメトルとその姉にして妻のクレオパトラ二世は、エジプトとキプロスを統治し、弟プトレマイオス八世はキュレナイカを治めることになった。

このようにして、ローマはすでにかなり弱体化していたプトレマイオス帝国を細分化した。長期にわたって元老院後見の影がアレクサンドリアを蔽うことになった。新たに紛争が発生するたびに、この兄弟はローマへ苦情をもちかける。紀元前一五四年、プトレマイオス八世はイタリアへ赴き、元老院議員たちに兄の刺客によって付けられた傷跡を見せた。

紀元前一四五年、プトレマイオス六世フィロメトルが死去したとき、プトレマイオス八世はキュレナイカを出立、アレクサンドリアへ向かう。そして姉のクレオパトラ二世と結婚し、王位の正当な継承者である彼女の子プトレマイオス七世を排除した。先祖のプトレマイオス三世にならって、エウエルゲテス〔善行者〕という添名を名乗る。実際には、大きなお腹《なか》をしていたので、アレクサンドリアの住民は、通常、フュスコン（「太鼓腹」の意）と呼んだ。彼は紀元前一四五年から紀元前一一六年まで、再統一されたプトレマイオス朝を治める。しかし、彼の治世中にプトレマイオス朝内部の紛争に終止符を打つことはできなかった。ユスティヌス[1]によれば、フュスコンはクレオパトラ三世（クレオパトラ二世とプトレマイオス六世の娘）に熱をあげ、この若き姪と結婚する。夫妻の共同統治者がアレクサンドリアで統治することになった。二人の妻は急速に憎悪しあう。内戦が勃発し、フュスコンとクレオパトラ三世はキプロスへ逃亡（紀元前一三一年）、クレオパトラ二世だけがエジプトの女王にとどまった。復讐するため、フュスコンはクレオパトラ二世とのあいだにできた若き王子を細切れにし、その遺体を彼女に送りつけた。二年後にようやく、アレクサンドリアへ戻ることができ、最終的にクレオパトラ二世と和解する。三人の共同統治者は、いまだ猖獗を極めていた内戦を終結させるため仲直りし、犯罪を水に流す恩赦の布告を出すことによって、国は平静を取り戻した（紀元前一一八年）。

（1）M・ユニアヌス・ユスティヌス（三世紀）。ポンペイウス・トログスの『地中海世界史』を要約した〔訳注〕。

紀元前一一六年、フュスコンが他界する。遺言により、クレオパトラ三世がキュレナイカを除く王国を継承した。キュレナイカは、フュスコンと同棲していた妾エイレネとのあいだに生まれた庶子プトレマイオス・アピオンに与えられた。

そこでクレオパトラ三世はエジプト全土を治めようとする。彼女は自分の子プトレマイオス九世ソテルに対しては完全に名目的な役割しか与えない。まず、みずからテア・エウエルゲテス（善行女神）という添名を名乗り、さらにフィロメトル（愛母者）やソテイラ（救済者）という添名もつけた。五人――女神官四人と神官一人――もの神官が彼女の祭祀を司った〔一〇八頁参照〕。クレオパトラ三世はエジプトのイシス女神と同一視される。この女王は、紀元前一一二／一一一年に民衆文字で書かれたパピルス文書では「イシス、神々の偉大なる母」と呼ばれている。

紀元前一〇七年、女王は子プトレマイオス九世ソテルを退位させ、次男のプトレマイオス十世アレクサンドロスを王位に就けた。プトレマイオス九世はキプロスへ行き、そこを占拠した。

紀元前一〇一年、クレオパトラ三世が他界する。彼女の治世は多くの点で曾孫クレオパトラ七世の統治を予告するものであった。この二人のクレオパトラには、等しく、権力に対する情熱や政治・経済面で豪華な演出をする趣味があったからである。

プトレマイオス十世は姪のクレオパトラ・ベレニケ三世と結婚する。紀元前八八年、アレクサンドリアの住民は彼を追放し、(1)キプロスから彼の兄のプトレマイオス九世ソテル呼び戻す。このプトレマイオス九世が再び王位に就き、紀元前八〇年に他界するまで王であった。

(1) 紀元前八八年、プトレマイオス十世が、アレクサンドロスの金の柩を持ち去り、鋳つぶしたので、アレクサンドリアで暴動が発生し、同王は追放された（一一五頁参照）〔訳注〕。

この王が死亡したとき、ローマの指導者スッラは、プトレマイオス十世の子のプトレマイオス十一世アレクサンドロスを王に就けるよう命じた。この王も従兄弟のクレオパトラ・ベレニケ三世を娶る。しかし、結婚後ほどなく妻を殺害させ、彼自身も女王一派によって虐殺された。

プトレマイオス・アピオンは、紀元前九六年キュレナイカで子を遺さずに世を去り、みずからの王国をローマへ遺贈していた。したがって、プトレマイオス朝には嫡出子の相続人がいなくなった。

第二章　プトレマイオス十二世、クレオパトラの父

I　プトレマイオス十二世とクレオパトラ六世

ローマがこの王朝の危機に乗じるおそれがあったので、それを回避すべく、紀元前八〇年、アレクサンドリアの住民は急遽プトレマイオス九世ソテルの二人の庶子を王位に就けた。一人はキプロス、もう一人はアレクサンドリアを治めることになった。アレクサンドリアを治めるプトレマイオス十二世にはフィロパトル（愛父者）とフィラデルフォス（愛姉妹者）という添名が与えられた。後者の添名がつけられた理由は、この王が姉妹のクレオパトラ六世トリュファイナと結婚したからである。同時に王夫妻はフィロパトレス・フィラデルフォイ（愛父・愛姉妹者たち）と呼ばれることになった。この添名が選ばれたのは、栄光ある祖先プトレマイオス二世とアルシノエ二世、プトレマイオス四世とアルシノエ三世に肖《あやか》るためであった。おそらく、こうすることによって新しい王夫婦を正当化したのだろう。アレクサンドリアの住民は、通常、王を「ノトス」（「庶子」の意）という渾名《あだな》で呼んだ。紀元前六九年頃、王がさらに「新しいディオニュソス」という公式の添名を名乗ったとき、民衆はこの王をアウレテス（「笛吹き」の意）と呼びはじめる。

この夫婦の母については何もわかっていない。したがって、アウレテスとトリュファイナの娘である

クレオパトラの祖母は知られていないのである。我々が持ちあわせている資料が何も触れていないということは、おそらく自慢に値しない遊女であったことを示唆しているのだろう。しかし、王の妾妻で名前が知られている者もいた。プトレマイオス・アピオンの母エイレネがその例である[1]。

（1）クレオパトラ七世も妻妾の子であったとする説がある。それを裏づけるのが、プトレマイオス十二世の嫡出子はベレニケ四世だけであったとするストラボンの記述（『地理書』一七、一、一一）である。しかし、クレオパトラ七世は、古代の資料で出自の点で中傷されていないなどの理由から、通常、妾妻の子ではないとされる〔訳注〕。

プトレマイオス十二世は、プトレマイオス五世以来の先人の例にのっとりファラオとして戴冠された。しかし、いまだにその理由はわからないが、大英博物館のプセンプタイスの石碑（E・A・E・レイモンド『メンフィス出土の王侯家族の記録から』、ヴィスバーデン、一九八一年、一三六頁）によると、戴冠されたのは紀元前七六年になってからである。この王に対して戴冠の労をとったのはプタハ神の大神官であった。そのうえ、このエジプト人神官はアレクサンドリアまで出かけている。慣例に基づき、プトレマイオス十二世はメンフィスの神殿でなく、みずからの宮殿で戴冠したのである。

II　プトレマイオス十二世とローマ

アウレテスは、即位してもローマの元老院に承認されなかった。したがって、きわめて微妙な立場に置かれていた。ローマでは、いわゆるプトレマイオス十一世アレクサンドロスの遺言〔公表は前六五年〕に基づき、エジプトの無条件併合を主張する者もいた。この王が、紀元前九六年にキュレナイカ王プトレマイオス・アピオンが行なったように、すでに王国をローマに遺贈したと言われていたからである。

そのうえ、プトレマイオス八世の娘でシリア女王であったクレオパトラ五世・セレネが、二人の若き子(1)のために、エジプトの王権を要求した。確かにセレネはプトレマイオス朝最後の嫡出子であったが、ローマ人には、彼女の子はなかばセレウコス朝の者と見られているという失敗を犯していた。したがって、ローマはシリア女王の要求を退けた。将来セレウコス朝とプトレマイオス朝という両王朝を継承できる君主を支持するより、公式に承認はしないが、庶子を王位に就けるほうを選んだのである。クレオパトラ・セレネは望みをかなえることなく、クレオパトラ七世が生まれた紀元前六九年に世を去った。

(1) セレウコス朝シリアのアンティオコス十世とクレオパトラ・セレネの子であるアンティオコス十三世とその弟。前七五年から七三年(または前七三年から七一年)、この二人の子は母セレネとローマに滞在した(キケロ『ウエッレス弾劾』四、六一〜六八)〔訳注〕。

しかしながら、アウレテスは心中穏やかでない。ローマではつねにエジプト併合の問題が議題にのぼっていたからである。クラッススが監察官《ケンソル》であった紀元前六五年と六四年、民衆派《ポプラレス》は併合を提案した。紀元前六三年、執政官キケロはこれに異を唱える。アウレテスを支持したからではない。おそらく、このような併合による政敵の蓄財を阻止しようとしたのであろう。

同じ頃、ポンペイウスはシリアの独立に終止符を打ち、シリアはローマの属州となった。セレウコス朝は消滅していたのである。

当時、アウレテスは自分に対する締めつけが厳しくなっているのを看取し、これまでになくみずからの王位の脆弱性と不確実性を認識しなければならなかった。

彼は独立確保のためなら譲歩を辞さず、ある程度巧みに抵抗した。パレスティナを手中に収めていた最高指揮官《インペラトル》ポンペイウスを支持するため、彼に豪華な贈物と騎兵八〇〇〇人を送った。確かに、アウレテスの行動は一部のアレクサンドリア住民にとってはまさに恥ずべき行為と映ったはずである。ローマがかつてアレクサンドリアの支配下にあった地域を征服するのを、王が手助けしていると思われたからである。それでも、アウレテスはローマがみずからの領土に軍事介入するのを回避できた。このような従属と恥辱の環境のもとで、クレオパトラは成長した。父の玉座を脅かす、まさに「ダモクレスの剣《つるぎ》」(1)を意識したことが、彼女の性格に影響を与え、将来の政治構想の方向を決めたと思われる。エジプト王は、プトレマイオス朝の過去の偉大さとはまったく異なり、もはやローマの庇護民《クリエンス》にすぎなかった。それでもなお、エジプトは驚くほどの豊かさを享受していた。歴史家シチリアのディオドロスは、紀元前六〇年頃アレクサンドリアを訪れ、王が搾取によって、いまだにきわめて多額の収入(年六〇〇〇タラントン以上)を得ていると伝えている。

(1) シラクサの僭主ディオニュソス一世(前四世紀)の廷臣ダモクレスが、王が富と権勢を有し幸福であるのをたたえた。王は彼を豪勢な宴会に招待したが、そのとき、彼の席の上方の天井から馬の毛一本で剣が吊りさげられており、王の幸福にはつねに危険が伴っていることを悟らせた。この故事に基づく表現〔訳注〕。

アウレテスの王国は弱体ではあるが豊かであり、したがって、ローマの民衆派には格好の餌食であった。紀元前五九年、民衆派率いるユリウス・カエサルがクラッススとともに執政官に就任したとき、おそらくアウレテスも治世の終焉が近いと考えたのだろう。採るべき唯一の手段は執政官の買収であった。王の年収六〇〇〇タラントンと引き換えに、カエサルはアウレテスを「ローマ国民の同盟者にして友人」のエジプト王と認める法案を通過させた。しかし、キプロスを治めていたアウレテスの弟が問題であった。翌年、護民官クロディウスはキプロスのローマ属州化を提案する。マルクス・カトーが派遣され、ローマ国民の名でこの島を手中に収めた。アウレテスの弟は、カトーからパフォス〔在キプロス〕のアフロディテの神官への就任を提案されたが、自害の道を選んだ。キプロス王の財宝はローマへ運ばれた。

したがって、アウレテスはみずからの王国を買い取るのには成功したが、これまでになく孤立していた。かつてプトレマイオス朝が領有していたエジプト以外の全地域、すなわちキュレナイカ、キプロス、パレスティナがローマに併合されていたからである。

III　アレクサンドリア住民の反乱

おそらくキプロスを失ったことに立腹したのであろう、紀元前五八年、アレクサンドリア住民が反乱を起す。アウレテスはあたふたと逃亡しなければならなかった。ローマの軍事介入によって王位に復帰しようとして、陳情しにイタリアへ赴いたのである。途中、ロドスに立ち寄ったが、当時そこにカトーがいた。カトーはわざと冷笑し、侮蔑的な態度で、腰掛便器に座ってエジプト王を接受した。

アウレテスはローマへの旅を続ける。ポンペイウスはアルバーノ山地〔ローマ南東〕の別荘へ彼を招待した。そのとき、王は贈答品や金銭の約束を増やすことによって、元老院議員の支持を得ようと最善の努力をした。しかし、やがて金員が不足し、借金をしなければならなくなる。とくに富豪のラビリウス・ポストゥムスに借財をすることになった。アウレテスは、ラビリウスに対し、王権が回復された場合、王国の財務大臣《ディオイケテス》への就任を約束した。

アウレテスの陰謀を知ったアレクサンドリア住民は、王の帰還に反対し、ローマへ哲学者ディオン率いる一〇〇人の代表団を派遣した。しかし王は警戒していた。代表団がプテオリ〔現ポッツオリ〕に上陸したとき、殺し屋にその大半を殺害させた。ディオンは殺害を免れたが、それ以降、任務を遂行しようとはしなかった。ある日、滞在先のルッケイウスの家で彼が暗殺されているのが発見された。

アレクサンドリアでは、亡命中の夫に随って行かなかったクレオパトラ六世トリュファイナがエジプト女王にとどまっていた。彼女は数カ月後に没する。紀元前五七年のことである。紀元前五八年以来共同統治者であった娘のベレニケ四世が王位を継ぐ。新女王の夫が探し求められた。弟は最年長の者でも三歳くらいであり、おそらく姉と信頼できる新しい夫婦（フィラデルフォイ〔愛姉弟者たち〕）となるには若すぎると考えられたのだろう。そこでセレウコス朝の二人の人物が打診された。しかし、一人は交渉の最中に他界し、もう一人のフィリッポスは総督ガビニウスによって引きとめられた。セレウコス朝王家縁《ゆかり》の者であることを鼻にかけたセレウコスという人物がアレクサンドリアに現われたが、あまりにも粗野だったため、到着の数日後、女王は扼殺させた。最終的に、ポントゥス王ミトリダテス六世配下の将軍の子で、同王の私生児と称していたアルケラオスという人物が見つかった。彼は第二ミトリダテス戦争〔前八三〜八一年〕のときローマに帰順したので、ポンペイウスは彼をポントゥスのコマナにあるキュベレ神の大神官に任命していた。紀元前五六年から五五年にかけての冬、ベレニケとの結婚が執りおこなわれた。

紀元前五七年末、アウレテスはローマを発つ。もはや必要とされる存在ではなかった。ローマの軍事介入によって再建するという原則が規定路線となっていたからである。残る問題は、それを誰が担当するかであった。

アウレテスはアシアに着くと、ポンペイウス派のアウルス・ガビニウスと接触した。王位を回復してくれる軍隊の派遣と交換に、王はガビニウスに対し一万タラントンの支払いを約束した。ガビニウスはそれを了承、紀元前五五年春、エジプトへ侵攻した。騎兵隊の指揮官マルクス・アントニウスを引き連れていた。アルケラオスは抵抗しようとしたが、敗れ、殺害された。このようにして、アウレテスはアレクサンドリアへ戻り、王宮と王国を取り戻したのである。

Ⅳ　アウレテスの二度目の統治

アウレテスはすぐさま娘のベレニケ四世とその一派を暗殺させた。そのとき彼には四人の子供が遺されていた。クレオパトラ七世、アルシノエ四世、プトレマイオス十三世とプトレマイオス十四世であり、それぞれ十四歳、九歳、六歳、四歳であった。アッピアノスが伝えるところによると、マルクス・アントニウスは、紀元前五五年アレクサンドリアに立ち寄ったとき、若きクレオパトラの魅力の虜になった。もちろん、この主張を確認することはできない。おそらく事実というより、顧みて歴史を書換えたのであろう。

アウレテスの二度目の治世を通して、エジプトはこれまで以上にローマの保護下に置かれていた。アウレテスの安全を確保し、とくに王に対するいかなる反乱も防ぐため、ガビニウスは部隊を残留させ、アレクサンドリア近郊に駐屯させた。しかし、王国はアウレテスの債権者の餌食となった。財務大臣《ディオイケテス》の職を約束されていたラビリウス・ポストゥムスは、国家財政の長に就任した。一年足らず在職したが、アレクサンドリア住民の怒りに端を発した暴動によって追放される。彼は任期中に奪取した大金を持ってイタリアへ戻ったが、裁判に処せられた。キケロが被告を弁護し、このとき、『ラビリウス・ポストゥムス弁護』を書いたのである。

紀元前五一年、アウレテスは没した。

第三章　クレオパトラとカエサル

Ⅰ　クレオパトラ七世とプトレマイオス十三世（前五一〜四八年）

紀元前五一年、クレオパトラを名乗る七人目の女王が王位に就いた。十八歳である。遺言で示された亡き王の遺志と王朝の慣例にしたがい、女王は齢十歳の弟プトレマイオス十三世と結婚した。新しい王夫妻は、「テオイ・フィロパトレス」（愛父神たち）の名で神格化された。

弟が若年なので、おそらく女王は自分が実際に権力を行使できると考えていたのだろう。しかし、やがてクレオパトラと弟の側近のあいだに敵対関係が生じる。若き王の顧問官で王国の実力者である傳育官《トロフェウス》の宦官ポティノス、軍最高司令官のアキッラス、弁論家のキオスのテオドトス、これら三人は女王に対抗する立場をとり、プトレマイオス十三世に姉と絶縁するよう唆した。

おそらく紀元前五〇年以来、両者の関係は悪化する。彼女の周辺でポティノスの陰謀が巡らされているとき、クレオパトラは王権の維持が外部の支持によってのみ可能であると悟った。したがって、彼女はローマの支持を求めた。

しかし、イタリアもエジプトに劣らず分裂していた。当時、ユリウス・カエサルとポンペイウスは、互いに容赦なき戦いを繰り広げていた。内乱に陥るおそれがあった。クレオパトラはポンペイウスに与《くみ》した。これは当然の選択である。ポンペイウスはかつてローマでアウレテスを支持していたからだ。ポンペイウスの子グナエウス・ポンペイウスはアレクサンドリアに上陸し、エジプトに軍事と資金の両面で協力を要請した。彼は女王に迎えられ、おそらく女王は彼の愛人となり、彼に対し予想を上まわる援助を与えた。艦船約二〇隻、大量の小麦、紀元前五五年以降もエジプトにとどまっていた、もと「ガビニウスの兵士」五〇〇人を提供したのである。

女王の政策における優先課題の一つは、ローマ、もっと正確に言えば、勝利すればエジプトに対する恩義を認めるはずのポンペイウス派、との友好関係の維持であった。クレオパトラは、有力なシリア総督ビブルスとも和解した。この総督は「ガビニウスの兵士」全員のシリア帰還を求めた。パルティアとの戦争に必要としたからだ。兵士の帰還を指揮するため、彼はアレクサンドリアへ二人の子を派遣した。しかし、「ガビニウスの兵士」は大半がエジプト定住を考え、現地で結婚し、土地をもらって、軍事植民者《カトイコイ》の身分も得ていた。多くの兵士がエジプトを去ることを拒否し、反乱を起した。ビブルスの二人の子が暗殺された。女王は犯人を逮捕し、鎖に包んでシリア総督へ送り届けた。

ポンペイウスの子を支援し、殺人者を引き渡したため、おそらく、ポティノス、アキッラス、テオドトスは、エジプトの対外政策の主と認められていた女王に対し憎悪の念を募らせた。

紀元前四八年、プトレマイオス十三世が成人に達したとき、ポティノスとその盟友は、この若き王に対する陰謀のかどで女王を告発し、アレクサンドリア住民に反乱を起こさせた。クレオパトラはやむをえず逃亡した。しかし、みずからの敗北を認めることはなかった。女王はパレスティナ南方のエジプト東部国境へ逃げ、そこでアラブ人を採用して、軍隊を編成する。

これらの事実を知らされると、ポティノス、テオドトス、アキッラス、そして若き国王も、アレクサンドリアを発ち、女王の帰国を妨げるため、女王との戦いに挑んだのである。彼らがペルシオン近くにあるカシオス岬の付根の部分に陣を構えたところ、ポンペイウスの到来が間近との知らせが入った。したがって、二つの内戦（エジプトとローマそれぞれの内戦）に決着がつけられようとしていた。ポンペイウスはテッサリアのファルサロスで敗北を喫し、信頼するレスボスのテオファネスの助言に基づいてエジプトへ向かった。彼は同盟を結んでいたアウレテスの子によって丁重に迎えられ、カエサルとの戦いを再開するまえに、みずからの軍隊を再編成できるものと考えていた。

　ポンペイウス到来の知らせは、プトレマイオスの側近たちを大混乱に陥れる。プルタルコスの語るところを聞こう。正反対の意見が提案された。「ある者はポンペイウスを追い払おうと、ある者は迎え入れようと主張した。しかし、テオドトスは、みずからの弁論術をひけらかし、いずれの意見も安全ではないと主張した。『ポンペイウスを迎え入れれば、カエサルを敵とし、ポンペイウスを主君とすることになる……したがって、最上の策は、迎え入れるが、彼を殺すことだ。こうすれば、カエサルを満足させ、ポンペイウスを恐れる必要もない』と語った。そして笑いながら、『死者は咬みつかない』と付言した。こう決定されると、事の執行はアキッラスに委ねられた」（『ポンペイウス伝』七七〜七八）。テクストの続きは悲惨である。涙にくれた妻の眼前でポンペイウスは暗殺者の攻撃のなすがままとなり、嘆き悲しむことなく、羞恥心から長衣《トガ》で顔を被っただけで、堂々と絶命した。そのあと、暗殺者たちは「ポンペイウスの頭を斬り取り、胴は裸にして小舟の外へ捨て、この情景を見たい人の目に晒した」（前掲書、八〇）。

Ⅱ　エジプト滞在中のカエサル（前四八〜四七年）

ファルサロスの戦いのあと、カエサルは敵の掃討に乗りだす。とくに順風に恵まれたので、ポンペイウス暗殺の数日後にはアレクサンドリアに到着した。

テオドトスは、カエサルがただちに踵を返してローマへ帰るものと考え、彼に旧敵の頭部を見せにやって来た。しかし、この術策は所期の効果を挙げなかった。アッピアノスによると、「ポンペイウスの頭を持ってこられたとき、カエサルはそれを見るに忍びなかった」（『内乱記』二、九〇）。カエサルは敵の死に涙したのかもしれない。いまやローマの主であることを意識し、おそらく偽善であろうが、アレクサンドロス大王を真似しようとしたのである。大王はヘカトンピュロス〔現イラン北部〕でコートを脱ぎ、ダリウス三世の死骸に涙したからだ。

カエサルは軍隊（兵士三二〇〇人、騎馬八〇〇頭）を上陸させ、ローマ共和政の束桿《ファスケス》(1)を携えた先導吏に護衛されてアレクサンドリアへ入った。彼の真意がどこにあったのか、疑問に思われるかもしれない。公式には、この最高指揮官《インペラトル》はローマを代表しており、アウレテスの遺言に基づいて、クレオパトラとその若き弟との紛争の調停者として行動した。実際には、おそらく和解は口実にすぎなかったのだろう、エジプトはローマに対してさらに従属することになっただけである。カエサルは主として王宮で起居し、ただちに王と女王に出頭を命じた。

（1）命令権を有する政務官（執政官、法務官など）の権威を表象する、細長い棒を赤い皮紐で束ね、斧をつけた道具。護衛する先導吏が持ち歩いた〔訳注〕。

ペルシオンでは軍隊が戦闘隊形をとってクレオパトラの部隊と対決するばかりのところであったが、プトレマイオス十三世はペルシオンを出発し、ポティノスを伴ってアレクサンドリアへ向かった。クレオパトラのほうは、カエサルの招集に応ずるのは容易ではなかった。弟一派によって、途中でいつ何時邀撃《ようげき》され、暗殺されるかもしれなかったからである。

プルタルコスの語るところによると、そのとき女王は一計を案じた。彼女は夜間小舟に乗り、忠実な家僕の一人シチリアのアポッロドロスだけを連れて、アレクサンドリア入りするのに成功した。人に知られず王宮に入ることがまだ残っていた。「人目を忍ぶ方法がなかったので、彼女は寝具袋のなかへ入って、身体《からだ》を長く伸ばし、アポッロドロスがそれを革紐で結び、王宮の門からカエサルのところへ運び入れた」(『カエサル伝』四九)とプルタルコスは書いている。

このクレオパトラの術策こそ、最初にカエサルの心をとらえた魅力であった、と言われている。彼は「大胆な姿で現われたクレオパトラの奇計に驚嘆し、彼女の優雅さやその後の応接に魅了された」(同書、四九)。カエサルは女王の愛人となった。ディオン・カッシオスによれば、姉とカエサルが結ばれたことがわかると、若き王は「怒り心頭に発し」(『ローマ史』四二、三五、二)、王冠を取りはずして、地面に叩きつけた。しかし、カエサルは王をなだめることができたようだ。いずれにしても、王とクレオパトラの和解を諦めなかった。カエサルは女王と王が出席する公式の会合を設営し、この和解を磐石《ばんじゃく》なものにするため大規模な饗宴を催した。プトレマイオスとクレオパトラは父の遺志に従って、共同統治者になることを約束した。

しかしながら、平和は長く続かなかった。約一五日間続いただけである。プルタルコスによると、ポティノスは「人前でも我慢ならぬ態度をとり、言辞や行動でしばしばカエサルを怒らせ、侮辱した」(『カエサル伝』四八)。この宦官は事態をみずからに有利なほうへ戻すことができるものと考えていた。王宮の主であったカエサルは、兵卒三二〇〇人と騎馬八〇〇頭を有していたが、きわめて多数の住民——五〇万から一〇〇万人のあいだ——の人質となっていた。そして、住民はとりわけローマ人に対して敵対的であった。

したがって、ポティノスは、あらゆる機会をつかまえて、アレクサンドリア住民に対し憎しみを掻き立てはじめる。さらに、ローマ人兵士を苛立たせるため、質の悪い穀物を届けさせたりする。最後に、宦官ポティノスはまだペルシオンにいたアキッラスに伝言を届け、二万二〇〇〇人の兵士を引き連れ、アレクサンドリアへ進軍するよう命じた。

かくしてカエサルはきわめて危機的な状況に陥った。アキッラスがアレクサンドリアへ入ると、住民がローマ人に対して反旗を翻した。このようにして、『アレクサンドリア戦記』に詳述された「アレクサンドリア戦争」が勃発したのである。この書物はカエサルの著作の一つとされているものの、作者は不詳である。

カエサルは、王宮地区に閉じ込められていたが、市壁があるため陣地は難攻不落であった。そこでアキッラスは王室専用の港を奪取しようとする。しかし、ローマ側は繫留されていたエジプト艦隊に火を放った。火災は拡大し、とりわけ港の倉庫を壊滅状態にし、甚大な損害をもたらした。しかし、そのときかの有名な図書館が破壊されたかどうかは定かでない(第七章I参照)。

王宮には、常時、王、女王、カエサルとともに、ポティノスや女王の妹アルシノエ四世がいた。ポティノスはアキッラスと文通したことが発覚、カエサルの命令で殺害された。十六歳であったアルシノエ四世は、この戦争を利用して女王になろうと考えていた。紛争が始まるや、彼女は宦官ガニュメデスを引き連れて王宮から逃亡、アキッラスの軍隊に合流した。しかし、アキッラスとガニュメデスのあいだに敵対関係が生ずる。アルシノエはみずからの宦官ガニュメデスを擁護し、軍最高司令官《ストラテゴス》アキッラスを殺害させた。『アレクサンドリア戦記』の著者の言によると、「アキッラスが死亡したので、アルシノエは協力者も後見人もいないのにみずから全権を掌握し、軍隊をガニュメデスに託した。ガニュメデスはその地位に就くや、部隊に対して心付けの支給を増やした」（『アレクサンドリア戦記』四）。そのあと、カエサルのところへ給水する水道に海水を流させ、ローマ人たちを水不足に陥れた。しかし、カエサルは井戸を掘削させ、かろうじて危険を回避した。

　その少しあと、一部のアレクサンドリア住民、おそらくかつてのアキッラス派、のなかにカエサルと交渉した者がいた。彼らは、ローマ人に対し、プトレマイオス十三世が配下の軍隊に合流するのを許可するよう求め、それと交換に、ガニュメデスの殺害を約束した。カエサルは、おそらく政治的打算から、反対陣営内の対立関係を悪化させようとして、プトレマイオス十三世を釈放した。したがって、王はエジプト軍と合流し、ただちにガニュメデスを殺害した。そのとき部隊の指揮を執ったのは王自身であったと思われる。ローマ人と戦うため、王が、カエサルに対して敵対的なアレクサンドリア住民を自分の周りに結集するのには、おそらく何の困難もなかったであろう。

　しかしながら、カエサルは、ローマ市におけるみずからの代理人カルウィヌスに対し数箇軍団の増援部隊の派遣を求めていたが、紀元前四七年初め、一箇軍団を受けとった。この軍団を指揮していたのは、ペルガモンのミトリダテス（ミトリダテス六世の庶子で、カエサルの盟友）である。彼はまずペルシオンを占領、そのあとメンフィスへ進軍し、そこからアレクサンドリアへ向かって北上、ようやくカエサルの部隊と合流した。エジプト軍は殲滅され、大半がデルタで虐殺された。プトレマイオス十三世は逃亡には成功はしたものの、ナイル川に身を投じて自害した〔紀元前四七年一月〕。

この間、クレオパトラは、エジプトの敵方を支持していたので、おそらくアレクサンドリアの住民に憎まれており、王宮にとどまっていた。それでも、プトレマイオス十三世が死亡し、アルシノエ四世が追放された――カエサルの凱旋式に出場させるためイタリアへ送られた――ことによって、クレオパトラはエジプト王国の紛うことなき主となったのである。反対者は全員、軍隊によって淘汰されるか、諦めて戦勝者の法に服した。

王朝の伝統を尊重して、女王は残るもう一人の弟、十二歳のプトレマイオス十四世と結婚した。まったく名目的な王にすぎない。おそらく強烈な個性を持っていなかったのだろう。新任の王は前任者の添名フィロパトル〔愛父者〕を与えられた。王夫婦を指す言葉としては、女王と最初の夫がすでに付けていたテオイ・フィロパトレス〔愛父神たち〕という神名が保持された。

カエサルは勝利を収めてアレクサンドリアへ戻ると、さらに約三カ月間エジプトに滞在した。伝承によると、これは女王に対する愛のためであったとされる。カエサルの敵が地中海のさまざまな地点で軍隊を再編成しているさなか、彼がエジプト滞在を決めたことを疑問視する人たちがいる。カエサルは、このように目的達成が間近なのに、ローマから遠いところに長居して、ファルサロスの戦いやポンペイウスの死によって得た有利な地歩を突如失ってしまうおそれはなかったのか。だが、カエサルのエジプト滞在が長期に及んだことは、政治的理由では説明できないと思われる。エジプト問題は解決済みであり、ローマに敵対するエジプト人は発言を封ぜられていた。このような状況のもとでは、おそらく伝承は正確であると認めねばならないだろう。しかも、なぜ恋心を歴史から除外しなければならないのだろうか。古代の人物も、二十世紀の人間が行動するのと同じ動機で行動したとは考えないようにしたい。おそらく、現代の独裁者なら、女王の腕に抱かれ、時間を「無駄に過ごす」ようなことはしないだろう。しかし、カエサルは二十世紀の独裁者ではない。

というしだいで、紀元前四七年の最初の数カ月間、カエサルは女王と月日をともにした。アッピアノスによると、「彼は四〇〇隻の船でナイル川を周航し、クレオパトラとともに国を視察し、彼女と愉しく過ごした」（『内乱記』二、九〇）。カエサルはかくも多くの戦争を成功裡に収束させたあと、女王への愛とエジプト景勝地の訪問を結びつけ、せめて数カ月間休息をとりたかったのだと思われる。

アッピアノスによると、カエサルは「科学に興味」（同書、二、一五四）を持っていたので、エジプトの神官の意見を聴いた。アレクサンドロス大王が東方の学識者に質問を発したのと同じである。したがって、カエサルがいくつかの行動をとった動機には、アレクサンドロスを真似るというテーマが存在していたと思われる。彼は九カ月間エジプトにとどまった。

彼がアレクサンドリアを出発して、アシアへ向かったのは、四月か、それよりあとのことである。エジプトには三箇軍団が駐留し、クレオパトラの身辺の安全を保証した。

その少しまえ、カエサルはキプロスをエジプトに返還していた。この島の返還は、とくに、いまだ言うとおりにならない臣民のあいだで、女王に対するある種の威厳を不動のものとした。アレクサンドリア住民が一一年まえに王を追放したのは、キプロスを失ったためであったことを想起しよう。したがって、女王とカエサルの交情は成果を挙げはじめていたのである。

Ⅲ　カエサリオン

プルタルコスによると（『カエサル伝』四九）、カエサルの出発前後に、女王はカエサルを父親とする一子を儲けた。メンフィスのセラピス神殿（セラペイオン）で発見され、こんにちルーブル博物館に所蔵されている民衆文字で刻まれた石碑によると、紀元前四七年パウニ月[1]二十三日（六月二十三日）に、父と同じくカエサルと呼ばれる子供が誕生したとされている。この石碑に刻まれた碑文によれば、この日もイシスの祭日にあたっていた。この一致は王家の宣伝であると勘ぐる人がいるかもしれない。クレオパトラ自身もイシス女神と同一視されているので、おそらく自分の子をホルスと同一視しようとしたのだろう。

（1）エジプト暦の一〇番目の月〔訳注〕。

この子はプトレマイオスと呼ばれたが、後世に伝えられたのは——プルタルコスによると——アレクサンドリア住民が付けたとされるカエサリオン（小カエサル）という愛称であった。この子の誕生は、言ってみれば、女王とカエサルの男女関係を公認するものである。クレオパトラは王朝の慣行を尊重して、父親をプトレマイオス十三世とすることもできたはずである。だが、そうはしなかった。将来カエサルの相続人を名乗る可能性がある子の母という新しい地位が持つ政治的重要性を自覚していたからである。紀元前四六年、女王が幼ないカエサリオンを連れてローマへ発ったことは、暗に、自分の将来はイタリアで決まると考えていたことを示している。

エジプト人は女王とカエサルの婚姻が公に宣言されれば非難の声をあげるはずであった。その不満を和らげるため、おそらく宗教的に工夫を凝らしたのだろう。ヘルモンティスに建つ生誕神殿《マンミシ》（王子の「神としての誕生」を祝う誕生殿）で発見された浅浮彫りの断片には、カエサルは太陽神ラーの化身と紹介されている。巧妙な戦略である。女王は神と結ばれたので、ファラオの伝統に何ら反することはない。ヘルモンティスの生誕神殿の浅浮彫りと碑文は、おそらく女王が神官たちやエジプト民衆のあいだにみずからの威信を高めようとする意思を示したものであろう。

Ⅳ　女王のローマ滞在（前四六年十月〜四四年三月）

紀元前四七年の夏、カエサルはゼラでボスポロス王ファルナケス(1)を粉砕した。しかし、カエサルは計画していたパルティア遠征を延期する。アシアの問題を素早く解決したあと、短期間ローマに滞在した。そのあいだに元老院により一年間の独裁官職が与えられた。

（1）ボスポロス王国は、かつてポントゥス王ミトリダテス六世が領有していた黒海北岸のアゾフ海周辺の王国。同王の子ファルナケスが反乱を起こし、父を殺害した。ポンペイウスはファルナケスがこの王国を継承するのを承認した。カエサルとポンペイウスの戦いの際、ファルナケスがポントゥス、カルキス、アルメニアとカッパドキアの一部を占領したので、カエサルはゼラでファルナケスを撃破した。元老院に「来て、見て、勝った」と報告したので有名〔訳注〕。

そのあと、ふたたびアフリカへ出発しなければならなかった（紀元前四七年十二月）。そこでは共和派の面々が、ヌミディア王ユバ一世の援助を得て、大規模な部隊を整え、カエサルを待ち受けていた。紀元前四六年四月、カエサルはタプソス（在チュニジア）で決定的な勝利を収める。共和派の長カトーとユバ一世は自害した。

紀元前四六年夏、カエサルはローマへ帰還する。元老院は彼を向こう一〇年間の独裁官に任命したところであり、すでに彼に数多くの例外的な顕職を与えていた。カエサルはマルクス・アントニウスを騎兵長官(1)に任命する。この職は彼の参謀であり、彼を代理する役職であった。壮麗な凱旋式が挙行され、ガリア、アレクサンドリア、ボスポロス、アフリカにおける勝利が祝賀された。アルシノエ四世とウェルキンゲトリクスが鎖につながれてローマの市街を引きまわされた。だが、アルシノエは民衆の憐憫の情を誘ったので、ガリアの指導者とは対照的に処刑されなかった。そのあと、カエサルはアルシノエをエフェソスのアルテミス神殿へ追放しただけである。

(1) 騎兵長官（マギステル・エクィトゥム）は、共和政時代、独裁官が任命する文武両面での次席補佐官。命令権を有し、法務官と同格。カエサルは内乱のとき、ローマ市での代理人として騎兵長官を重用した〔訳注〕。

クレオパトラがローマで独裁官と再会したのは、おそらくこの凱旋式のあとのことだろう。カエサリオンを連れており、プトレマイオス十四世も同行していた。用心して、王を独りアレクサンドリアに残しておかなかったのである。女王の遠隔地滞在によって、プトレマイオスが勢いづいた策謀家の餌食になるおそれがあったからだ。

独裁官カエサルはクレオパトラにローマ市外のテヴェレ川右岸の所有地を滞在地として提供した。女王はほぼ一年半そこに滞在する。紀元前四五年春、カエサルがヒスパニアでポンペイウスの子の鎮圧に追われて不在中のときも、ローマにとどまっていた。彼女がエジプトへ戻ったのは、紀元前四四年三月十五日（三月イドゥスの日）に発生したカエサル暗殺以降のことである。

クレオパトラのローマ滞在については、比較的長期間であったにもかかわらず、ごくわずかなことしか知られていない。このことから推論できるのは、彼女が当時の厳しい政治情勢によって二義的役割に格下げされていなかったとすれば、おそらく彼女はきわめて目立たぬよう振舞っていたのであろう。

キケロの書簡（『アッティクス宛書簡集』一五、一五）は、「テヴェレ川の対岸の庭園に住んでいる」女王に関して、いくつかの情報を伝えている。「女王は嫌いだ……こんな奴らとは係わりたくない」と、キケロは友人のアッティクスに認《したた》めた。残念ながら、その理由を明らかにしていない。「女王の約束の保証人アンモニオスは動機を知っている。それは学問に関する約束だ」とも書いた。クレオパトラはアレクサンドリアから何らかの作品を届けると彼に約束したのだろうか。そのあと、彼女は約束を守らなかったのだろうか。行間を読むのは難しい。しかしながら、紀元前四四年六月十三日付けのこの書簡が書かれたのは、独裁官の暗殺や女王のアレクサンドリア帰国よりあとのことであった。したがって、キケロはクレオパトラを批判しつつも、ほとんどリスクを負っていないのである。おそらく、遠回しに、暗殺された独裁官の敵を喜ばせようとしていたのだろう。しかし、ただたんに女王の「傲慢」が彼を苛立たせただけであった可能性も否定できない。

クレオパトラのローマ滞在についてまさに問題とされているのは、カエサルの真意がどこにあったのかという点である。独裁官には正妻カルプルニアがいたが、子供はいなかった。おそらくそのため、彼はカエサリオンを自分の子として認知したのである。「彼は（クレオパトラに）生まれた子に自分の名を付けるのを許した」（『カエサル伝』五二）とスエトニウスは述べている。このような行動は伝統的な共和主義者のあいだで一種の挑発と考えられたのだろう。さらに、「ファルサロスの戦いを開始しようとしていたとき誓約したように」（アッピアノス『内乱記』二、一〇二）、カエサルは、竣工直後のウェヌス・ゲネトリクス神殿にクレオパトラの黄金張りの彫像を安置させた。この「美しいクレオパトラの彫像はウェヌス・ゲネトリクス女神の彫像の側」〔前掲書、同節〕に置かれていた。オクタウィアヌスは、アクティウムの戦いのあとも、この彫像を壊さなかった。二世紀のアッピアノスの時代でも、見ることができたからである。

クレオパトラはすでに「新しいイシス」、東方の「新しいアフロディテ」として崇められていたので、カエサルはウェヌス（ギリシアのアフロディテに対応するローマの女神）と関係がある女王に対して個人的に敬意を表するつもりであったと思われる。それは見かけとは違って、計算づくの行動であり、なんらかの盲目的な愛の帰結ではなかったのであろう。独裁官カエサルは愛と美の女神と親密な関係にあることを誇りとしており、彼自身もその後裔を自称していた。それは彼の「個人的伝説」と言うべきものに属する。彼の印章にはウェヌスが彫られていた。「勝利のウェヌス」（ウェヌス・ウィクトリクス）はファルサロスの戦いでの合言葉であった。おそらくクレオパトラの彫像はウェヌスの顔をした女王を表現していたのだろう。カピトリーノ博物館にある《エスクィリーノのヴィーナス》は独裁官が奉献した原作の模刻であるかもしれない（第六章Ⅲ参照）。クレオパトラとウェヌスを同一視することによって、カエサルは女王とユリウス氏の祖先とを関連づけたのである。この神話を巧妙に使うことによって、カエサルはクレオパトラとの関係を正当化しようとしていた。

紀元前四五年、元老院はカエサルに対して新たな栄誉を決議する。独裁官カエサルの彫像が何基かローマに建てられた。その一つ、クィリヌス神殿のまえに置かれた彫像には、「不敗の神へ」という銘が刻まれていた。七月を指すクィンクティリウスという月名はユリウスという月名（フランスの七月の名称はこれに由来）に変更された。カエサルは、伝統的な高官椅子の代わりに、黄金の椅子を受け取った。紀元前四四年、カエサルは終身独裁官となった。同時に、カエサルを新しい神殿で「ユリウス神」として祀る、と元老院は決議した。アントニウスがこの礼拝を担当する神官（フラーメン神官）(1)の職を務める予定であった。そのうえ、カエサルは、逝去すれば、ローマ市の聖域内に葬られるだろう。カエサルの神格化は完了していなかったが、それでも、その手続きは進んでいた。したがって、カエサルの独裁体制はヘレニズム君主制の様相を呈していたのである。

（1）共和政時代、ユピテルなど主要な一五柱の神の祭祀を一柱ずつ担当した一五人の神官。カエサル以降、神格化された皇帝の祭祀を担当する神官もフラーメン神官と呼ばれる〔訳注〕。

しかし、独裁官カエサルは王という肩書きを断った。アントニウスが、紀元前四四年二月のルペルカリア祭の際、「国民の名において」彼に王冠《ディアデマ》を贈ろうとしたときのことである。歴史家たちはいまだにこの行動の意味について議論している。カエサルはみずからの信念に基づいて王冠を断ったのか、まだその時期ではないと考えたからなのか。おそらく、パルティアに対して計画中の大遠征からの帰還を待っていたのであろう。そのときなら、カエサルは、新しいアレクサンドロスのごとく、なんの遠慮も、なんの躊躇もなく、ヘレニズム流の神権に基づいて王政を引き受けることができたであろう。

クレオパトラが独裁官の計画に影響を及ぼしていたのであろうか。カエサルは女王と結婚し、カエサリオンに巨大な王国を継承させようと考えていたのだろうか。クレオパトラのローマ滞在や独裁官によるカエサリオンの認知は、このような大王国の建設計画の準備を目的としていたと考えられる。

しかし、カエサルは、紀元前四四年三月十五日（三月イドゥスの日）に、計画の秘密を明かさないまま逝去した。計画の内容を再構成しようとするのは歴史学ではなく、フィクションの領域に入る。それでも、逝去の数日後に独裁官の遺言が公表されたので、常軌を逸した推測を修正しなければならないと思われることを指摘しておこう。カエサルについても、クレオパトラについても、何も述べられていなかった。オクタウィアヌスが、大叔父であり養父であった人の遺産を受け継ぐことになった。この遺言が完全なものでなかったのか、あるいは、カエサルはのちに内容を修正するつもりであったのか、疑問は未解決のままである。

三月イドゥスの日の少しあと、クレオパトラはカエサリオンとともにローマを離れた。同じ頃、相続人に指名されていたオクタウィアヌスは、当時滞在していたイッリュリアからローマ市へ向かって帰途についた。

第四章　クレオパトラとアントニウス

I　内乱時代におけるクレオパトラの姿勢（前四四～四二年）

十五歳の若き王プトレマイオス十四世は、ローマから帰還後まもなく死亡した。フラウィウス・ヨセフスやポルフュリオス〔三世紀の哲学者〕が伝えているように、この若き弟を排除したのは、おそらく女王であろう。彼はまったく名目だけの王であり、クレオパトラにとってなんら脅威ではなかった。それでも、幼いカエサリオンをエジプト王に就けるには、余計な障害であった。クレオパトラはできるかぎり早くカエサルの子を王位に就けようとしていた。そのため、三歳のときプトレマイオス十五世カエサルとして即位させ、成人になるまで傍で摂政を務めることにした。トリノ博物館にある、おそらく紀元前四三～四二年のものと推定される石碑では、王はフィロパトル・フィロメトル（愛父・愛母者）と呼ばれている。二つの形容辞はけっして特異なものではなく、新しい王が持つ二重の出自（母から受け継いだギリシア＝エジプトの血、父から受け継いだローマの血）を想起させようとするものであった。

紀元前四三年、イタリアでは、アントニウス、オクタウィアヌスとレピドゥスがカエサルの暗殺者に対抗して、「共和政再建」のための協定（「第二回三頭政治」と呼ばれる）を締結した。これら三人委員と、カエサル暗殺者ブルートゥスとカッシウスが指揮する軍隊が対立する内戦が続いているあいだ、クレオパトラは用心をして、行動を起こそうとはしなかった。女王はカエサル派を支持するものと期待されていたが、あらゆる感情より、王国の利益と政治の現実主義を優先させた。クレオパトラは満を持し、誰が勝つかを見定めていたのである。

東方でカエサル派を代表していたドラベッラは、女王に対し、カエサルがエジプトに残した軍団を派遣するよう要求した。部隊はアレクサンドリアを出発したが、カッシウス側の軍隊に合流した。カッシウスはそれ以外に、クレオパトラに対してエジプト海軍をみずからの配下に置くよう命じた。女王は拒絶した。しかしながら、プトレマイオス朝のキプロス総督セラピオンは、島の港に繋留されていた艦船をカッシウスに引き渡した。ドラベッラはシリアのラオディケイアで敗れ、自害を余儀なくされた。

しかし、運命の女神（テュケ）はカエサルの暗殺者たちに長くは微笑《ほほえ》まなかった。紀元前四二年の秋、マケドニアのフィリッピでアントニウスとオクタウィアヌスに敗北を喫し、今度はブルートゥスとカッシウスが自殺を強いられた。

Ⅱ　タルソスでの会見――アフロディテとディオニュソス（前四一年）

フィリッピの戦いあと、三人委員たちはローマの支配領域を分割した。オクタウィアヌスは西方を獲得し、アントニウスは新たに東方の主となった。レピドゥスは、セクストゥス・ポンペイウスと共謀したことを口実に、この分割から遠ざけられた。

アントニウスは、イタリアにおけるみずからの権益の維持については、妻のフルウィアと弟のルキウスに任せた。そのあとアテネへ赴き、その地で、親ギリシアであり、アテネ市民の保護者であると自称した。その少しあと、ことのほか目立つ格好をしてエフェソスへ入る。プルタルコスの語るところによると、「女たちはバッカスの祭女、男たちや子供はサテュロスやパーンに扮して、彼を先導した。この都市は木蔦《きづた》やバッカスの杖《テュルソス》、ハープ、笛、フルートで満ち、アントニウスは歓喜と恩恵をもたらすディオニュソスと呼ばれた」(『アントニウス伝』二四)。

プルタルコスの言によると、アントニウスはまさにオリエントの君主のように振舞ったのだろう。彼のエフェソス入りは、ヘレニズム君主が宣伝のために行なう豪華な示威行進を想わせる。華やかな演出によって王権はその実力を誇示した。王――この場合、最高指揮官《インペラトル》〔アントニウス〕――をディオニュソスと同一視することは、マケドニア君主政(東方におけるアレクサンドロス大王の継承者)のイデオロギーの特徴であった。

しかしながら、アントニウスがエフェソスへ行ったのは、かつてのアレクサンドロスのように、この都市を解放するためではなく、小アジアの諸都市から租税を徴収するためであった。彼は相当な額を徴収し、度を過ごしたことで有名になった。そこでエフェソスの人々は、皮肉を込めて「生肉を食べる《オメステス》」とか「野蛮な《アグリオニス》」という渾名で彼を呼んだ。この二つの形容詞は、ディオニュソスの野蛮さを示す言葉である。

紀元前四一年、アントニウスはシリアへ向かい、アレクサンドリアへクィントゥス・デッリウスを使者として派遣した。クレオパトラ宛の書簡を携えていた。三人委員アントニウスが彼女をキリキア地方のタルソスへ召喚したのである。おそらく、彼女に対して戦争中の不協力、アレクサンドリアの軍団とキプロス艦隊によるカッシウス支援に関して釈明を求めるつもりであった。女王は比較的難しい立場に置かれていた。アントニウスは、その気になれば、いつでも彼女から王国を奪取できた。したがって、クレオパトラは待たせることにした。すぐタルソスへ出かければ、非を認めたと解釈されるであろう。「彼女は、アントニウス自身やその友人から、幾度となく召喚状を受け取ったので、この男を軽蔑し、嘲笑した」（同書、二六）。

挙句の果て、クレオパトラはアレクサンドリアを出発することにした。前代未聞の豪華さに囲まれて出立する。船はキリキア地方に到着し、タルソスを流れるキュドノス川を遡航した。プルタルコスはいつまでも人々に強烈な印象を残す情景を報告している。クレオパトラは「艫《とも》が黄金で飾られ、緋色の帆が張られた船に乗ってキュドノス川を遡航する。漕ぎ手は葦笛や竪琴の音が伴奏するフルートの音に合わせて銀の櫂《かい》を漕いだ。彼女自身、絵画に出てくるアフロディテのように着飾り、金糸の布で作られた天蓋の下に横たわっていた。絵画に描かれたエロス〔キューピッド〕に扮した少年が両側に立ち、扇子で煽いでいた。侍女たちは、みな完璧な美女で、ネレイデス〔海神ネレウスの娘である美しいニンフたち〕やカリテス（三美神）の衣装を着け、ある者は舵のところに、ある者は帆綱のところにいた。さまざまな薫香のふくよかな香りが両岸に広がり、川辺にいた住民が両岸で女王に連れ添って歩き、都市の住民はこの情景を見ようと下りてきた。広場《アゴラ》にいた人たちも四散し、とうとう演壇で裁判をしていたアントニウスは独り取り残されてしまった。アフロディテがアシアの幸福のためにディオニュソスのところへお祭騒ぎをしにやってきた、という噂が四方八方に広まった」（前掲書、二六）。

キュドノス川での演出はアントニウスのタルソス入りに対する明確な回答であった。すべてが計算しつくされ、明確な意味を持っていた。クレオパトラはみずからをアフロディテに擬《なぞら》え、自分は臣民に対しては神の化身であるが、カエサル自身が自分をローマのウェヌス・ゲネトリクス信仰と結びつけていたことも想起させた。追従するにしても、ショーのごとき演出をしたのである。女王にして女神であったクレオパトラは、アントニウスを、彼がエフェソスで自任していたように、新しいディオニュソスと見なし、この東方の新しい主に対し、神同士の結婚に擬えて「聖なる結婚《ヒエロ・ガモス》」を提案した。「アシアの幸福のために」という表現は、まさに政策綱領を含んでいた。東方支配のため、新しい神々の夫婦が結ばれた。

古代の著述家によると、アントニウスは女王に魅惑され、女王は彼の情婦となった。ディオン・カッシオスによると、「キリキアで会ったクレオパトラに惚れ、名誉をまったく気にせずにエジプト女の奴隷となり、彼女と恋に耽った」(『ローマ史』四八、二四、二)。アントニウスは、「彼女の虜になった」(プルタルコス『アントニウス伝』二八)。オクタウィアヌスによる激しい宣伝によってまだ威厳が汚されていなかった女王がそのとき行なった演出に魅了されたからである。クレオパトラは「女王」(キケロ『アッティクス宛書簡集』一五、一五)と呼ばれていたが、アレクサンドロス大王の最後の継承者であり、かつ東方においてギリシア文化を託された人物と考えられていた。そのうえ、カエサルの愛人でもあった。アントニウスは東方におけるローマの絶対的な権力の持ち主であったが、クレオパトラの結婚の申し出に満足した。古代の著述家によると、クレオパトラがアントニウスを蠱惑《こわく》したとされているが、おそらくこれには疑問を挟む理由はなかろう。そのうえ、この蠱惑はアントニウスの利益や政治的打算とまったく対立するものではなかった。アントニウスとクレオパトラの結婚は、なにより女王のほうに分があったが、アントニウスにとっても不利益な点はまったくなかった。この結婚は東方における彼のカリスマ性を増大させるものであった。

アッピアノスによると、アントニウスは、ファルサロスの戦いで示したクレオパトラの消極的な姿勢についてくどくど言わず、彼女の説明を了承したようだ。クレオパトラは参戦しようとしたが、艦隊が急に嵐に襲われて、寄港を余儀なくされ、そのとき彼女自身も病気になったということであった！
ついで女王はアントニウスにみずからの主な要求を飲ませる。「彼女はアントニウスに妹アルシノエを殺害させた」（フラウィウス・ヨセフス『ユダヤ古代誌』一五、八九）。カエサルは紀元前四六年の凱旋式のあとアルシノエ四世をエフェソスへ追放していた。この結果、アウレテスの子五人のうち生き残ったのは、クレオパトラだけとなった。さらにアントニウスはカエサルが紀元前四七年に決定したキプロスのエジプトへの返還を再確認した。しかし、同島の総督セラピオンは、カッシウスに対抗しなかったため排除された。したがって、クレオパトラはタルソスで見事な外交的成果を収めたのである。危険がすべて回避され、彼女の王権は強化された。彼女はアレクサンドリアへ戻る。アントニウスは、シリアとパレスティナの問題を解決したあと、彼女に再会するためアレクサンドリアを訪れた。

　プルタルコスは、二人の恋人がアレクサンドリアで過ごした紀元前四一年から四〇年の冬について生きいきとした描写を遺している。「アントニウスは……クレオパトラに連れられてアレクサンドリアへ行き、そこで暇な若者のように娯楽や遊戯をして、アンティフォン（前五世紀アテネのソフィスト）の言う人間に最も貴重なもの――時――を費やし、浪費した。二人は『真似できない生活をする人たち《アミメトビオイ》』の会を設け、毎日、互いに宴会を開きあい、信じられないほど度を越した浪費をした」（『アントニウス伝』二八）。そのうえ、クレオパトラは「アントニウスが真面目なときも、遊んでいるときも、いつも何か新しい娯楽や魅力をつくろうと努力し、昼も夜も彼を独りにしておかなかった。彼女は一緒にサイコロ遊びをしたり、酒を飲んだり、狩をしたりし、彼の軍事訓練も眺めた。夜、彼が通りを走り、庶民の家の戸口や窓の傍に立って、中にいる人を冷やかすとき、彼女は侍女の衣服を着て彼についてまわった。彼自身もそのような扮装をしていたからである。そのため、彼は罵られ、殴られることが多かった」（前掲書、二九）。

Ⅲ　独りぼっちのクレオパトラ（前四〇～三七年）

アントニウスのアレクサンドリア滞在中、イタリアでは、アントニウスの代理人であった妻フルウィアおよび弟ルキウスと、オクタウィアヌスとのあいだで紛争が勃発した。ルキウスはペルシア（現ペルージア）で敗北を喫したが、オクタウィアヌスは彼を助命した。

紀元前四〇年の春、オロデス王の子パコロス率いるパルティア軍がシリアと小アジアを攻撃した。パルティアがいくつかの戦いで勝利を収めたので、アントニウスはエジプト出立を余儀なくされた。彼はアテネに着いてフルウィアと会ったが、まもなく彼女は不帰の人となった。彼女が他界したことによって、三人委員のあいだで和解しやすくなった。彼らはイタリア南部のブリンディシウム（現ブリンディジ）で協定を締結した。オクタウィアヌスはイッリュリアからヒスパニアまでのヨーロッパの主にとどまり、アントニウスはギリシア、アシア、シリアとキュレナイカを保持することになった。紀元前四二年の分割以来遠ざけられ、そのあとオクタウィアヌスと和解したレピドゥスは、アフリカを与えられた。最後に、アントニウスはローマへ行ってオクタウィアヌスの若き姉オクタウィアと結婚した。この婚姻は平和を保証し、三人委員間の和解を具体化しようとするものであった。

アントニウスは紀元前三九年末までイタリアに滞在したが、東方におけるパルティアの脅威は彼の代官たちによって除去された。ようやくオクタウィアとアテネへ渡り、ほぼ三年間そこに滞在する。

したがって、クレオパトラは再び当時の実力者同士の政治から遠ざけられ、幼いカエサリオンとアレクサンドリアにいて、独りで統治していた。紀元前四〇年から三七年の期間は、彼女にとって紀元前四四年から四二年と対比すべき「雌伏の期間」であった。彼女の王権はもはや三月イドゥスの日のあとのように危機的状況にはなかった。アントニウスが出発した直後、女王は双子を生んでいる。征服者にしてアレクサンドリアの創建者であるアレクサンドロスにちなんで命名された子アレクサンドロスと、母親と同名の娘クレオパトラである。それぞれ太陽と月に擬え、ヘリオスとセレネ（レトが孕んだ双子）[1]という添名が付けられた。

（1）レトが生んだゼウスの子はアポロンとアルテミスであるが、それぞれヘリオスとセレネと同一視される〔訳注〕。

Ⅳ　シリア滞在中のアントニウスとクレオパトラ（前三七年冬～三六年）

紀元前三七年、アントニウスはイタリアへ戻り、オクタウィアヌスと会見した。三頭政治が五年間更新された。そのあとアントニウスは、計画していたパルティア大遠征を準備するため、東方への帰途についた。彼はオクタウィアをギリシアからローマへ送り返す。その口実は、戦争中彼女の身辺の安全を確保するためということであった。帰途、アントニウスはクレオパトラに使者を送る。女王に対し、次の遠征に対するエジプトの支援を要請し、シリアへ来るよう伝言した。シリアで逢う約束をしたのである。紀元前四一年にタルソスへの招待に応じたように、紀元前三七年末、クレオパトラはアンティオケイア〔現アンタクヤ〕でアントニウスと再会した。

この交際によって紀元前三六年に三人目の子が誕生した。プトレマイオスと命名され、フィラデルフォス〔愛兄弟者〕という添名が付けられた。この添名は双子の兄アレクサンドロス・ヘリオスと姉クレオパトラ・セレネに対する愛情を想定していることを示しているが、同時に、プトレマイオス朝の祖先プトレマイオス二世とアルシノエ二世に対する敬意も込められていた。

フラウィウス・ヨセフスによると、アントニウスは女王に対し以前の情熱を再燃させた。「アントニウスは彼女との交情からだけでなく、薬の影響によって、彼女の意向にすべて従ったと思われる」（『ユダヤ古代誌』一五、九三）。クレオパトラはアントニウスの心を掴んだことに乗じて、東方の富、さらには、かつてプトレマイオス帝国のものであった領土の一部を得ようとした。フラウィウス・ヨセフスが明言するところによると、「シリア問題は混迷していた。というのは、クレオパトラがアントニウスに同地の支配者たちを攻撃させて、これら各支配者から統治権を取りあげ、それを自分に与えるよう説得したからである。アントニウスが女王に惚れていたので、女王は彼に対し絶大な影響力を誇っていた。……地上にあるすべての財宝をもってしても、この贅沢三昧を好む扇情的な女王を満足させるには充分ではなかっただろう。したがって、彼女はたえず、他人の財産を奪って自分に与えるようアントニウスに働きかけた。彼と一緒にシリアを通るとき、どうすればこの地を自分のものにすることができるのかと考えた……。彼女はアラビア〔ペトラ王国〕とユダヤをその王たちから奪って自分に与えるよう、アントニウスに要求した。……アントニウスは彼女に対してすべてを拒否しないように、また彼女の要求をすべて満たすことによって明らかに公正を欠くと思われないように、どちらの国からも領土を一部割譲させ、それを彼女に与えた。さらに、テュロス〔現ティール〕とシドンを除く、エレウテロス川〔現ナール・アル＝ケビール川〕とエジプトとのあいだにある都市をすべて彼女に与えた」（『ユダヤ古代誌』一五、八八〜

九五）。

このようにして、エジプトが再びフェニキアを支配することになった。クレオパトラはシリアの小さな王国カルキス〔在アンティオケイア東方〕を併合した。その国王の裏切りを糾弾し、彼を排除したのである。女王の外交によって、アレクサンドリアは、表面的には東部地中海を支配する大国という過去の栄光を取り戻した。アウレテス統治下で屈辱を蒙ったあと、プトレマイオス朝エジプトはまさに蘇ったかのように思われた。しかし、この最後の輝きのほとんどすべてが見せかけのものであり、故意に演出されたものであることを、充分認識し、理解しておく必要がある。最後の輝きはエジプトの軍事的征服の成果ではなく、アントニウスの好意に基づくものにすぎなかったのである。クレオパトラが築いた帝国はすべて、完全に彼女の外交手腕と彼女の魅力によって勝ちえたものであった。

三人委員アントニウスによる領土の割譲は、やはりローマで怒りを買うことになった。フラウィウス・ヨセフスが発した激論を巻き起こすような口調は、これを示唆しているようだ。プルタルコス（『アントニウス伝』三六）も指摘しているように、アントニウスはローマでますます世論の反発を買う人物になっていた。実際、アントニウスとクレオパトラの関係はスキャンダルとされたし、ローマでは早くから、このスキャンダルがオクタウィアヌスの宣伝に巧みに利用され、誇張されていたことは間違いない。オクタウィアヌスは、紀元前三七年には、アントニウスとの紛争がどうしても避けられないと自覚していたにちがいない。したがって、この東方担当の三人委員がどれほどローマの利益に反する政策をとっているのかを明らかにするため、アントニウスに関する事実や行動をすべて活用しなければならなかった。彼は盲目的な愛情を抱いた「エジプト女」の腕に抱かれ、祖国を忘れていた。フラウィウス・ヨセフス、プルタルコス、ディオン・カッシオスや古代の伝承は、オクタウィアヌスの勝利のあと長いあいだ幅を利かしていた、この否定的見解に依拠していたのである。

実際には、アントニウスの裏切りは、オクタウィアヌスが宣伝活動で信じ込ませようとしたほど明確なものではなかった。アレクサンドロス・ヘリオス、クレオパトラ・セレネ、プトレマイオス・フィラデルフォスを自分の子として認知したとしても、アントニウスはクレオパトラと結婚していなかった。この点で、カエサリオンを認知したカエサルと違う行動をしてはいない。さらに、彼の行動はヘレニズム君主のような行動が多かったとはいえ、アントニウスは、カエサルと同じく、公式に王の肩書きを付けたことはなかった。

この点をとくに雄弁に物語っているのが、オロンテス川沿岸のアンティオケイアで鋳造されたコインである（第六章Ⅳ参照）。表面にはアントニウスの肖像が描かれ、クレオパトラは裏面に刻まれている。しかし、王冠《ディアデマ》を被っているのは女王だけで、アントニウスはいつも頭には何も被っていない。他方、アントニウスには、「三人委員」と「アウトクラトル」（最高指揮官（インペラトル）のギリシア語）という肩書きが刻まれているだけである。「バシレウス」（王）という言葉はどこにも出てこない。

クレオパトラに対する領土割譲は、いかなる点においても、東方における強国ローマを弱体化するものではなかった。女王はローマと同盟関係を結んでおり、その王国はアウレテス統治時代よりはるかに丁重に扱われているものの、従属国の地位にとどまっていた。エジプトは言わば特権的な地位にあるローマの保護国であった。

さらに、フラウィウス・ヨセフスでさえ、アントニウスがクレオパトラのすべての企みを実現しなかったことを認めている。アントニウスはヘロデやアラビアのペトラ国王マルクスから領土を没収しなかったし、紀元前三七年、ヘロデにユダヤ王の肩書きを許可した。

V　パルティア遠征（前三六年）

紀元前三六年の春、アントニウスはカエサルの計画を引き継ぎ、パルティアに対して大遠征を開始した。彼の軍隊は大規模であった。ほぼ一〇万人で構成され、そのうち六万人がローマの軍団兵士である。アルメニア王アルタウァスデス二世は同盟国ローマに対し数千の騎兵を提供した。「このような準備や軍事力はバクトリアの彼方のインド人をも畏怖させ、アジア全体を震えあがらせた」〔『アントニウス伝』三七〕とプルタルコスは記している。

女王はユーフラテス川沿岸のゼウグマまでアントニウスに同行したが、そのあと、ユダヤを経由してエジプトへ戻った。ヘロデ一世はクレオパトラが自分に対して陰謀を企んでいることを知っていたので、「あらゆる敬意を払って」〔フラウィウス・ヨセフス『ユダヤ戦記』一、一八、五〕彼女を接受した。両者のあいだで協定が締結された。ヘロデ一世が二〇〇タラントンの年貢金を支払うのと引き換えに、クレオパトラはアントニウスがヘロデ一世に与えていたイェリコ〔現ジェリコ〕の領有を認めた。ヘロデ一世はエジプト国境までクレオパトラを見送った。

アントニウスは戦闘を急ぎ、軍隊を分割する。攻囲用の重機を後方に残し、メディアの都市フラアタ〔イランの現タブリズ近郊〕へ向って強行軍で進軍した。そこではパルティア王フラアテス四世が待ち構えていた。フラアタの包囲はアントニウスにとって痛恨の敗北となり、そのあと人的大損害を伴う退却がつづいた。さらに不幸なことに、アルタウァスデス王がローマを裏切ったのである。

シリアに帰還すると、軍隊は惨憺たる状態であった。アントニウスは兵士に支給する金員にもこと欠き、新たに税を徴収しなければならなかった。クレオパトラはアントニウスを支援するため、フェニキアのレウケという村〔シドンとベリュトス間の村〕で合流した。軍隊が必要とする衣類と資金を持参してきていた。

オクタウィアも、アントニウスに対する軍隊と食糧を携え、東方へ向かった。しかし、アントニウスは妻のオクタウィアにアテネ待機を命じ、パルティアに対する第二次遠征を計画中と伝えた。

古代の伝承によると、一時期アントニウスは二人の女性のあいだで心が揺れ動いたようである。プルタルコスによると、「クレオパトラはオクタウィアが自分とアントニウスの奪いあいをするためやってくると考え、オクタウィアが品位ある人柄であって……のほかに、愉快に人と付き合い、アントニウスに対して至り尽くせり世話するならば、彼女に優る者はいないし、完全にアントニウスを支配してしまうのではないかと恐れたのである。クレオパトラはアントニウスに夢中なふりをし、食事を節することによって身体を細らせ、彼が近づいてくると恋した目つきをし、去ろうとすると、恋い焦がれて悲嘆に暮れているかのように見せかけた。涙ぐむ姿が彼の目にとまるようにし、さらに、彼に知られたくないかのように、急いで涙を拭い隠した」〔『アントニウス伝』五三〕。クレオパトラの勝利に終った。アントニウスは彼女とアレクサンドリアへ戻り、以後オクタウィアと再び逢うことはなかった。彼はパルティアに対する二回目の遠征を断念した。紀元前三四年春、パルティアを押し返した。

VI　対アルメニア凱旋と体育場の式典（前三四年）

アントニウスが試みた二回目のオリエント遠征はパルティア戦争ではなかった。容易に家名をあげることができる成功を必要としていたので、アルメニアを攻撃した。紀元前三六年のアルメニアの裏切りが絶好の口実となった。アルメニア王国は抵抗できず、ローマ軍団の略奪に委ねられた。アントニウスは略奪した財宝を携え、アレクサンドリアに凱旋帰還した。アルタウァスデス王とその家族も連行してきた。

ディオン・カッシオスはアントニウスの凱旋帰還について次のように述べている。「アントニウスは莫大な戦利品を携え、アルメニア王やその妻子とともにエジプトに帰還した。アレクサンドリアでは、王たちを他の捕虜とともに凱旋行進のまえに歩かせ、みずからは戦車で入場した。戦利品をすべてクレオパトラに与え、彼女に黄金の鎖につながれたアルメニア王とその家族を紹介した。彼女は群集の真んなかで、銀張りの演壇上に置かれた黄金の玉座に座っていた」（『ローマ史』四九、四〇）。この歴史家の報じているところでは、アルタウァスデス王とその家族は毅然たる態度を示し、女王の玉座のまえで跪拝《きはい》するのを拒否した。紀元前三〇年、アクティウムでの敗北のあと、クレオパトラはこの無礼に報復し、王の首をはねさせた。

アントニウスのアルメニア凱旋は、ローマではまさにスキャンダルと考えられ、オクタウィアヌスの宣伝に大々的に利用された。いまだかつて、大胆にも選りによってローマ以外の都市で凱旋式を挙げた将軍はいなかった。これ以降、アントニウスは、エジプトの女王の腕に抱かれ、真っ向からイタリアと対立し、オクタウィアヌスだけでなく、全ローマをも裏切ることになった。

数日後、アレクサンドリアの体育場（ギュムナシオン）で二回目の式典が催された。演出は壮麗であった。プルタルコスの言によると、「アントニウスは銀張りの演壇に黄金の玉座を二脚置いた。一脚は彼自身用、もう一脚はクレオパトラ用であった」（『アントニウス伝』五四）。

この式典の意味するところは、女王とその子供に分与される予定の新しい帝国を象徴的に創建したことにある。プルタルコスによると、アントニウスは「まずクレオパトラをエジプト、キプロス、アフリカおよびコイレ・シリアの女王に任命し、カエサリオンは女王と共同統治するとした」（前掲書、五四）。ディオン・カッシオス（『ローマ史』四九、四一、一）が明言したところによると、クレオパトラは「諸王の女王」、カエサリオンは「諸王の王」と呼ばれた。プトレマイオス十五世カエサルは、紀元前四四年以来、母の摂政のもとに置かれた王であった。紀元前三四年からは、女王とカエサリオンは新たに一組の夫婦、母子の夫婦となった。しかし、カエサリオンはオクタウィアヌスに向けられた武器でもあった。アントニウスは「クレオパトラは実際に先のカエサル（ユリウス・カエサル）の妻であったし、カエサリオンはその子である」と言い、先のカエサルに敬意を払うために、これらの措置をとったふりを装ったが、それは、カエサル（オクタウィアヌス）は先のカエサルの養子であり、嫡出子ではないと指摘し、カエサル（オクタウィアヌス）を中傷するためであった」（前掲書、四九、四一、二）。したがって、カエサリオンはオクタウィアヌスのライバルであり、いつの日かローマで父の遺産を要求することができる。そのうえ、二重の出自を持っているから、東方と西方が統合されれば、それを統治する資格があると思われた。ギリシア、エジプト、ローマの遺産が彼に集中しようとしていた。そのうえ、「諸王の王」の肩書きは、アントニウスとクレオパトラの考えでは、のちに「皇帝」が意味するものに対応していたと思われる。カエサリオンは、彼に服することになる諸々の王に君臨すると考えられていた。それはヘレニズム時代の東方諸王の問題であったが、体育場の式典で王と宣言されたクレオパトラとアントニウスの子供たちの問題でもあった。

アレクサンドロス・ヘリオスは、アルメニア、メディア、パルティア王国、そして「ユーフラテス川以東のインドまでの地域も」（前掲書、四九、四一、三）与えられた。実のところは、アレクサンドル大王の帝国を再建しようとする征服計画であった。アレクサンドロス・ヘリオスに割り当てられた領土のうち、すでに征服が完了していたのはアルメニアだけである。式典の直後、アントニウスはメディア王と同盟を結び、同王の娘ジョタペがヘリオスの妻となった。

プトレマイオス・フィラデルフォスはフェニキア、シリア、キリキアと「ユーフラテス川からヘッレスポントゥス海峡〔現ダーダネルス海峡〕までの全地域」（前掲書、四九、四一、三）を与えられた。最後に、クレオパトラ・セレネはキュレナイカを得た。

注目すべきは、アントニウスが王冠《ディアデマ》を被っていないことである。紀元前三四年にオリエントの造幣所（所在地不詳）で鋳造された銀貨では、アントニウスはつねに王冠を着けない姿で表現されており、クレオパトラは、体育場での式典のときと同様、「諸王の女王」と呼ばれている（第四章Ⅳ参照）。

これらの君主は割り当てられた領土を象徴する衣服を着用していたと、プルタルコスは伝えている。アレクサンドロス・ヘリオスは「メディア風の衣服を着」て、「先の尖がった帽子」（ティアラ、キタリスともいう）を被り、メディア王やアルメニア王の装束を着けていた。

わずか二歳のプトレマイオス・フィラデルフォスは、「マケドニアの伝統的な帽子」（カウシア）を被り、その鍔《つば》には王冠が結ばれていた（このような帽子をカウシア・ディアデマトフォロスという）。さらにマケドニアの軍人用マント《クラミュス》も着用していた。このマントは、かつてアレクサンドロス大王が着ていたものである。そして、「軍人用の編みあげ靴《クレピデス》」を履いていた。

女王のほうは、イシス女神を表現するかのように、エジプト風に着飾って出場した。すなわち、長い襞のついた、ゆったりとした内衣《トウニカ》を着け、胸のあいだに結び目（イシスの結び目）をつくり、女王の重い帽子を載せた鬘《かつら》を被って現われたのである。紀元前三四年には、紀元前五一年以来の添名「愛父神」（テア・フィロパトル）に代えて、「新しいイシス」（ネア・イシス）とか「生まれ変わった女神」（テア・ネオテラ）（二〇一頁参照）という添名を名乗った。プルタルコスによると、「クレオパトラは、大衆のまえに姿を現わすときは、イシスの聖なる衣服を着ており、『新しいイシス』として謁見した」（『アントニウス伝』五四）。

VII　宣戦布告――ローマとオリエントの対決

オクタウィアヌスとアントニウスの対決はもはや避けられなくなった。紀元前三四年以降、オクタウィアヌスは攻勢に転じる。「しばしば民衆のまえでアントニウスを糾弾し、大衆の彼に対する憎悪を煽った」（前掲書、五五）。アントニウスも支持者を何人かローマへ派遣してオクタウィアヌスを非難し、みずからを弁護しようとした。急に、戦争の宣伝が他に前例がないほど激化する。

紀元前三三年から三二年にかけての冬、アントニウスは部隊をエフェソスに集結させた。クレオパトラもみずから提供した二〇〇隻の艦船を率いて合流した。軍隊を維持するため、多額の資金を携えていた。東方の王たちもアントニウスを支持し、参戦した。プルタルコスはアントニウスが準備した大規模な軍隊の構成について述べている。「アントニウスは五〇〇隻をくだらぬ艦船を有し、その多くは八段櫂船や十段櫂船であった……。彼の軍隊は歩兵一〇万、騎兵一万二〇〇〇で構成されていた。従属国の王もともに戦った……。ポントゥス王ポレモン、アラビア王マルクス、ユダヤ王ヘロデ……は軍隊を派遣した。メディア王からも補助軍が派遣された」〔前掲書、六一〕

ついに、アントニウス派の元老院議員には、ローマを去り、エフェソスへ向かう者がいた。そのうちの一人がドミティウス・アヘノバルブスである。彼は軍の会合にクレオパトラが出席しているのに憤慨、アントニウスに対し彼女をアレクサンドリアへ送り返すよう求めた。当初アントニウスはこれに同意したものの、側近の一人カニディウス・クラッススが介入したあと、前言を翻した。女王がカニディウスを買収したからである。愛人同士は関係を修復した。

紀元前三二年の春、二人はサモス島へ赴き、そのあとアテネへ渡り、宴会を催したり、さまざまなことに前代未聞の法外な支出をしたりして、従前の暮らしぶりを取り戻した。同時に、アントニウスはオクタウィアを離縁する旨の書簡を携えた使節をローマへ派遣し、彼女に対して住んでいる邸宅から退去するよう命じた。

姉は侮辱されたが、この離縁はアントニウスに対するみずからの非難が正しいことを立証していたので、オクタウィアヌスは満足していたはずである。そのとき以来、アントニウスがクレオパトラの与えた「媚薬を飲まされ、正気を失っていた」〔前掲書、六〇〕ことは明らかである。

ローマでは非難が繰り返された。オクタウィアヌスの友人の一人カルウィシウス・サビヌスが大々的に非難を繰り広げた。プルタルコスによると、彼が「糾弾したのは、アントニウスがクレオパトラに対し蔵書二〇万冊のペルガモン図書館を贈与したこと、同席者が大勢いる宴会で、何らかの決定や二人のあいだの取り決めができたので、立ちあがって、彼女の足をさすったこと、彼の面前でエフェソス住民がクレオパトラを主人と呼ぶのを許したこと、演壇で王や四分封主《テトラルコス》(1)の裁判をしているとき、縞瑪瑙《しまめのう》や水晶の書字版に書かれた恋文を彼女から受け取って読むことが多かったこと」〔前掲書、五八〕である。最後に、プルタルコスは次のように付言している。「ある日、ローマ人のなかで最も弁舌の才がある高官フルニウスが彼の面前で弁論をしているとき、アントニウスはクレオパトラが臥輿《がよ》に乗って広場を通りかかったのを見ると、飛びあがって、裁判を放ったらかしにし、臥輿にぶらさがって、彼女について行った。しかし、これらの非難のほとんどは、カルウィシウスが嘘をついたと考えられていた」〔前掲書、五八〜五九〕

(1) シリア、パレスティナ地方の、ローマ宗主権下にある王より低位の統治者〔訳注〕。

アントニウスの二人の友人ティティウスとプランクスは、軍隊内にクレオパトラがいることに苛立ちを覚えて変節し、オクタウィアヌスの陣営へ寝返った。この二人がオクタウィアヌスに対しアントニウスの遺言が存在することを教えた。遺言書はローマのウェスタ神殿に寄託されていた。オクタウィアヌスはこれを入手し、元老院で読みあげる。まず元老院議員たちはオクタウィアヌスの宗教をないがしろにした態度に激高し、抗議したものの、けっして遺言書の朗読を妨げることはなかった。かくして、アントニウスの最終的な意志が白日のもとにさらされた。アントニウスは「ローマで死んだとしても、葬列を組み、みずからの遺骸をフォルムを通って運んだあと、アレクサンドリアのクレオパトラのもとへ送るよう命じていた」〔前掲書、五八〕。「彼は宣誓したうえで、カエサリオンが本当にカエサルの子であると明言し、彼が育てたエジプト女王の子供に対し法外な贈与を行なった」〔ディオン・カッ

シオス『ローマ史』五〇、三、五〕

アントニウスの遺言の暴露は、宗教の伝統という点からは非難されるべきものであるが、彼がエジプトの女王に魅惑されていて、永遠に祖国を捨てた、というオクタウィアヌスの非難が正しいことを裏づける結果となった。ディオン・カッシオスによると、「それ以来、……もしアントニウスが勝てば、みずからの都市〔ローマ〕をクレオパトラに与え、権力の中枢部はエジプトへ移転されるだろうと、ローマ人は考えた」〔前掲書、五〇、四、一〕。オクタウィアヌスは、堕落をもたらすオリエントから脅威を受けているローマを守護し、擁護しているとの印象を植えつけるのに成功した。きわめて巧妙にも、元老院に対し、三人委員アントニウスに対してではなく、クレオパトラに対してのみ、戦争を布告させたのである。オクタウィアヌスは「アントニウスがこの女に委譲していた権限を彼から剝奪《はくだつ》した(1)」〔『アントニウス伝』六〇、一〕にすぎないと、プルタルコスは述べている。かくして、「ローマ人が戦っているのは、主要な政務を取り仕切っている、宦官マルディオンとポティノス、クレオパトラの髪結い女エイラスとカルミオンである」〔前掲書、六〇、一〕。

(1) アントニウスは前三一年の執政官に予定されていたが、これも取り消された。また、第二回三頭政治は、その五年間の始点を前三七年一月一日とすれば、前三三年末に終了していた(有力説)〔訳注〕。

このようにして、来るべき戦争が、現実にはローマの二つの派が対立する新しい内戦になろうとしていることをイタリアで忘れさせることに、オクタウィアヌスはようやく成功した。彼の宣伝、彼の中傷キャンペーンの結果、エジプトを侮蔑していないわけではないが、単純化された戦争の一面的なビジョンが押しつけられることになった。そのビジョンとは、オリエントに対するローマ、情念に対する理性、クレオパトラという退廃した女の性《さが》に対する古代ローマ人の男性的な徳、と言うことができる。

Ⅷ　アクティウム（前三一年九月二日）

アントニウスは総司令部をペロポンネソス半島沿岸のパトライ（現パトラス）に設置し、そのあと、彼の艦隊をギリシア北西部のアンブラキア湾に集結させた。艦隊を指揮していたオクタウィアヌスとアグリッパは、作戦の主導権を掌握、首尾よく湾口を封鎖し、アントニウスの艦隊を湾内に閉じ込めた。湾の封鎖に加えて、数々の作戦を展開し、部隊に対する補給を妨げたので、敵方にかなりの脱走者が出た。その一人がドミティウス・アヘノバルブスであった。是が非でも敵陣突破を図らねばならなかった。

紀元前三一年九月二日、アントニウスは艦隊を戦闘隊形に整える。二列目にはクレオパトラと六〇隻のエジプト艦船を配備した。戦闘はアクティウム岬の前方で始まった。そのためアクティウムの戦いと呼ばれる。クレオパトラは敵方の艦隊に切れ目ができたのに乗じ、急遽みずからの艦船とともに戦闘海域を去り、アクティウム南西にあるレウカス島方面へ向かった。そのときアントニウスは五段櫂船に乗り、女王のあとを追った。おそらく何隻かの艦船を引き連れていたのだろう。

この逃亡の意味をどう考えるべきかが問題とされた。プルタルコスはそれを裏切りとしか考えない。「アントニウスは一心同体であるかのように、この女に引きずられ、一緒に行動することになった。それというのも、クレオパトラの艦船が帆を張って出て行ったのを見るや、すべてを忘れ、自分のために戦い死んでいる兵士を裏切って逃亡し、五段櫂船に乗り込んで……すでにみずからを破滅させ、さらに破滅させようとする女のあとを追った」（『アントニウス伝』、六六）。この戦闘の状況は、オクタウィアヌスがアントニウスを臆病でまったく無責任であるとした宣伝に基づいている（M・ロダ「アクティウムの戦い」『ローマのエジプト』マルセーユ、一九九七年、二〇～二二頁）。実際には、おそらく戦闘のまえに逃亡が決定されていたのであろう。アントニウスの計画は、封鎖を破り、できるかぎり多くの艦船とともにアレクサンドリアへ戻ることであった。部分的には成功していたのである。敵はアントニウスも女王も捕まえることができなかった。

実のところ、アントニウスとクレオパトラにとって惨憺たる結果をもたらしたのは、戦闘そのものよりも、アクティウムの戦いが及ぼした影響であった。もちろん、オクタウィアヌスは、アントニウスがみずからの部隊を「放棄」したという情報を広めることを怠らなかった。アクティウムの戦いの七日後、アントニウスがカニディウス・クラッススの指揮下に置いていた陸軍が無傷でオクタウィアヌスに投降した。

アントニウスと女王は、リビア方面へ向かい、アレクサンドリア西方のパライトニオン港に到着した。アントニウスは当地でピナリウス・スカルプスの指揮下にある在キュレナイカ四箇軍団の離反を知る。ピナリウスは抵抗することなく、オクタウィアヌスのアフリカ代官ガッルスに降伏したのである。まもなく、シリア総督クィントゥス・ディディウス、ついでヘロデ一世がアントニウスを見捨てた。したがって、アレクサンドリアに対する包囲網は狭まった。

オクタウィアヌスがアクティウムでなんとか軍事面で成功を収め、その成功は巧妙な宣伝によって誇張されたので、徐々にアントニウスとクレオパトラは孤立することになった。

第五章　アントニウスとクレオパトラの死

I　アレクサンドリアでの最後の冬（前三一〜三〇年）

古代の伝承によると、このような離反に直面して、アントニウスは人間嫌いに陥った。彼はアレクサンドリア港の、ある突堤の先端に、人間嫌いであった紀元前五世紀のアテネ人のティモンにちなんでティモニオンと名づけた隠遁用の小住宅を建造させた。だが、この小住宅は短期間使用されたにすぎない。事実、アントニウスは再び女王と一緒になり、宮廷に落ち着いたからである。プルタルコスによると、「彼はクレオパトラによって王宮に迎え入れられるや、この都市で食事、酒宴、贈答が行なわれるようにし……アレクサンドリアでは、饗宴、酒盛り、お祭り騒ぎばかりが繰り広げられた」（前掲書、七一）。

このような祝賀行事が催された表向きの理由は、おそらく、カエサリオンとアンテュッルスを壮丁組《エフエビア》に編入することにあったのだろう[1]。アンテュッルスは、アントニウスがフルウィアとのあいだに儲けた子である。プトレマイオス十五世カエサルは、まず紀元前四四年から母の摂政のもとで王であったが、紀元前三四年には母と夫婦となり、「諸王の王」となった。壮丁組（古代ギリシアの都市（アテネ、テーベ）の制度から借用した言葉）には軍事的意味が込められていた。この二人の少年を軍隊で勤務できる壮丁《エフエボス》に編入することによって、クレオパトラとアントニウスは、「エジプト人がついに一人前の男を自分たちの王に戴いたことによって、彼らの気持ちを高揚させ」、エジプト人に対し「親に不幸があっても、これらの子をリーダーとして、断固闘争を続けさせ」（ディオン・カッシオス『ローマ史』五一、六、一～二）ようとしたのである。アントニウスと女王のこの決定が、のちに二人の少年にとって致命傷となった。壮丁組への編入により権威が与えられたため、オクタウィアヌスは勝利後二人を暗殺させた。

（1）古典期のアテネでは、壮丁組（エフェビア）への編入は十八歳で行なわれた。この祝賀行事のとき、カエサリオンは十七歳、アンテュルスは十四歳か十五歳である〔訳注〕。

クレオパトラとアントニウスは、「真似できない生活をする人たち《アミメトビオイ》」の会に代えて、「死をともにする人たち《シュンポタヌメネノイ》」の会を設立した。したがって、遊蕩に興ずることによって、アテナで大疫病が発生したときのように、終末が近いという意識の正しいことが証明されたのである。実のところ、後者の会も「洗練、豪奢、散財の点では、少しも前者に劣らなかった」（プルタルコス『アントニウス伝』、七一）。

　女王とその愛人はある時期アラビア方面への逃亡も計画した。しかし、離反したばかりのシリアの属州総督クィントゥス・ディディウスに唆《そそのか》されて、ペトラのアラブ人が紅海のエジプト艦隊に放火した。

　同じ頃、オクタウィアヌスとの交渉も試みられた。アントニウスと女王は共同で和平を求めた。しかし、女王はアクティウムの勝者に密書も送った。ディオン・カッシオスによると、「クレオパトラは、同時に、アントニウスに内緒で、オクタウィアヌスに王の玉座、さらに黄金の王杖と王冠を贈った。これらの贈物は王国を彼に献上したことを意味した。オクタウィアヌスがアントニウスを嫌っているとしても、少なくとも自分には同情してくれるだろうと期待していたのである。オクタウィアヌスはこれらの贈物を幸先のよい兆しだと考え、受け取った。アントニウスに対しては返答しなかったが、クレオパトラに対する正式の回答は、彼女が軍隊と王位を放棄するなら、彼女に関する処遇を決定しよう、という威嚇的なものであった。だが、彼女に対し、アントニウスを排除するなら、処罰せず、王国をそのまま支配させると、密かに知らせた」〔『ローマ史』五一、六、五〜六〕。

オクタウィアヌスの約束は計算づくのものであった。勝利を目前にして、ローマでの凱旋式のために、敵である彼女を生け捕りにしたかったのである。同時に、彼女の財宝も手に入れようと考えていたのだろう。ところが、クレオパトラは王宮近くに「驚くほど美しく、高い霊廟を建造させ、そのなかへ王家の最も貴重な財宝、金、銀、エメラルド、真珠、黒檀、象牙、シナモンを集めた」〔プルタルコス『アントニウス伝』七四〕。彼女は全財宝とともに自分の生命を生贄にすると脅したのである。

Ⅱ　アントニウスの自殺

オクタウィアヌスはシリアから到来し、ペルシオンを奪取した。指揮官セレウコスが抵抗しないでペルシオンを引き渡したのは、おそらくクレオパトラ自身が発した命令に基づいていたのであろう。女王はあらゆる抵抗が無駄であると確信していたので、オクタウィアヌスに有恕してもらおうと考えていた。

オクタウィアヌスがアレクサンドリアの市壁のまえに到着したとき、アントニウスは市壁から出撃し、最後の成功を収め、敵の騎兵隊を壊走させた。彼は最後まで戦って、陸でも海でもこの都市を防衛するつもりでいた。しかし、アレクサンドリアでは戦いは起こらなかった。アントニウスの艦隊はオクタウィアヌス側へ寝返り、すぐさま騎兵隊もそれに追従した。アレクサンドリアの占領は目前に迫っていた。

クレオパトラは予定どおり霊廟に立てこもった。紀元前三〇年八月一日、オクタウィアヌスはアレクサンドリアに入った。

この時点から、アントニウスとクレオパトラに関する歴史は検証する術がなくなり、神話めいてくる。伝存する二つの資料、プルタルコスとディオン・カッシオスでも、史実と文学的潤色を区別することは不可能である。それでも、以下に引用する箇所は、中世以降クレオパトラの神話が形成されるうえでかなり重要であった（第八章参照）。

プルタルコスの語るところを聞いてみよう。クレオパトラは「アントニウスのところに使いをやり、みずからの死亡を告げさせた。アントニウスはこの知らせを信じ、『アントニウス、なぜまだぐずぐずしているのだ。運命によって、ただ一つ残されていた、生に執着する口実まで奪われたのに』と独り言を言いながら、寝室に入った。そこで鎧《よろい》の紐をほどき、裂き開いて、『クレオパトラ、おまえを失ったことを嘆くまい。すぐ、おまえと一緒になれるからだ。残念なのは、偉大な最高指揮官《イムペラトル》であるのに、勇気の点で女性に負けた、と思われることだ』と言った。彼の傍にエロスという忠実な奴隷がいた。ずっと以前に、この奴隷にいざという場合には自分を殺すよう頼んであったので、その約束を果たすよう求めた。奴隷は剣を抜き、切りつけるかのように持ちあげたが、顔を背けて、自刃した。そして主人の足もとに倒れると、アントニウスは『でかしたぞ、エロス、おまえは自分ではやってくれなかったが、私がみずから行なうべきことを教えてくれた』と言った。そして剣で腹を刺し、ベッドに倒れた。しかし、剣の突きは直ちに死に至らせるほどのものではなかった。横になると血が止まり、意識を回復するや、その場に居合わせた者に喉を切って殺してくれと頼んだ。しかし、全員寝室から逃げ出し、彼が叫び、のたうちまわっていたところに、アントニウスを自分がいる霊廟へ運ぶようクレオパトラに指示された秘書官ディオメデスが現われた。

そこで、まだクレオパトラが生きていることを知ったアントニウスは、執拗に家来たちに身体を起こしてくれるよう頼み、家来たちは彼を腕に抱え、霊廟の入口まで連れていった。クレオパトラは扉を開けなかったが、窓から姿を見せ、そこから鎖と綱を下ろさせた。アントニウスはそれに括られ、クレオパトラと、霊廟への同行を許されていたただ二人の侍女が引きあげた。その場に居合わせた者の話によると、これほど惨めな光景はなかったようだ。アントニウスは血まみれで、もはや虫の息であったが、引きあげられ、両手をクレオパトラのほうへ伸ばして、ぶらさがっていたからである。彼を運びあげる作業は、女性たちにとって簡単ではなかった。クレオパトラは両手に力を込め、顔を引きつらせて、やっとのことで綱を引っ張りあげたが、下にいた者も大声で彼女を励まし、労苦をともにした。このようにして彼を霊廟のなかへ入れ、寝かせると、自分の外衣《ペプロス》を引き裂いて彼に掛け、両手で自分の胸を叩き、かきむしり、アントニウスの顔の血を拭いながら、主人とか、夫とか、最高司令官《インペラトル》とか呼んだ。彼の不幸を不憫に思うあまり、みずからの不幸をほとんど忘れていた。アントニウスは彼女に嘆くのをやめさせてから、ワインを飲みたいと言った。本当に喉が渇いていたからか、直ちに苦しみから解放されたいと考えていたからである。飲み終えると、彼はクレオパトラに対し、屈辱と思わないなら、カエサル（オクタウィアヌス）の友人のなかで、とくにプロクレイウス〔マエケナスの義兄弟〕を頼って、身の安全を図るよう勧めた。そして彼自身、最後の悲運を嘆き悲しまず、むしろ最も名を馳せた男となり、そのうえ最大の権力を握ったが、いま一人のローマ人として、一人のローマ人によって不名誉な形で敗北を喫したのでないことを幸せであったと思ってほしい、と述べた」〔前掲書、七六〜七七〕。こう言い終わると、アントニウスは息を引きとった。

オクタウィアヌスは、敵の死が知らされると、少々感泣した。ポンペイウスに対して涙したカエサルや、ダリウスの遺骸に涕涙したアレクサンドロスを真似たのである。これら二人に続く三人目のエジプト征服者はその地に足を踏み入れたばかりであった。

Ⅲ　オクタウィアヌスとクレオパトラ

だが、まだすべてが終ったわけではない。勝利を完璧なものにするには、女王を生きたまま捕らえ、彼女の財宝を手に入れねばならない。したがって、オクタウィアヌスは、クレオパトラとの交渉にあたらせるため、プロクレイウスとガッルスを派遣した。ガッルスが落とし格子戸によって護られた霊廟の扉越しに女王と話しあっているあいだに、プロクレイウスは窓から内部へ侵入するのに成功、身に着けていた短剣で自刃しようとしていた女王を動けなくした。そのとき以降、クレオパトラはオクタウィアヌスの捕虜となった。

プルタルコスによると、「二、三日あと、カエサル（オクタウィアヌス）がみずから話しに来て、彼女を慰めた。彼女はたまたま身なりを構わぬ格好をしてベッドに横たわっていた。彼が入ってくると、内衣《トウニカ》だけの姿でベッドから跳びあがり、足元に伏した。頭も顔もひどく取り乱し、声がやや震え、涕泣による消耗が目に現われていた。胸の周りにはわが身に降らせた打擲《ちようちやく》の痣が数多く見受けられた。彼女の身体の具合は心と同じく芳しくなかった。しかし、彼女の優雅さと美貌が完全に失われたわけではなく、このように哀れな状態にあっても、それらは内から輝いており、表情にはっきりと現われていた。カエサルはベッドに横になるよう勧め、彼女の傍に座った」〔前掲書、八三〕。

ディオン・カッシオスが描写した情景は、巧みに哀感と茶番を混ぜあわせたものになっている。「彼女は壮麗な寝室と豪勢なベッドを用意させていた。身なりを構わぬ装いで――喪服がよく映えていたが――ベッドに座り、自分の傍にオクタウィアヌスの父〔養父カエサル〕のさまざまな肖像や彫像を数多く並べさせ、彼から送られたすべての手紙を胸に当てた。カエサル〔オクタウィアヌス〕が入ってきたとき、彼女は優雅に立ちあがって言った。『こんにちは、ご主人さま。神はあなたに主人という肩書きを与え、私からその肩書きを奪い取りました。しかし、あなたのお父上が何度私のところへいらっしゃったかは、ご承知のとおりですし、どれほど栄誉を与えてくださり、そのうえ、私をエジプトの女王にしてくださったこともお聞き及びのことでしょう。父上自身がおっしゃったことから私のことを知っていただくため、父上が私にくださった自筆の手紙を手に取って、読んでくださいませ』。彼女はこのように言って、カエサルの愛の言葉を読みつづけた。そして彼女は嘆き、手紙に口づけし、カエサルの肖像のまえに跪き、ひれ伏した。彼女は眼差しをカエサル〔オクタウィアヌス〕のほうへ向けたまま、美しい調子で泣き叫び、弱々しい声で呼びかけ、『カエサル、あなたのこれらの手紙は私にとって何の役に立つの』と言ったかと思うと、『私にとっては、ここにいらっしゃるこのお方のなかに、あなたも生きていらっしゃるわ』と言い、そのうえ『私があなたより先に死んでいればよかったのに』、さらには『でも、このお方がいらっしゃるから、あなたもいらっしゃるわ』と言った。以上が、彼女が示したさまざまな発言や態度であった。彼に投げかけた眼差し、彼に囁いた言葉は甘美なものであった。カエサル〔オクタウィアヌス〕は彼女が語りかけるときの情熱や彼の感情に訴える内容を理解できないわけではなかったが、わからぬふりをして、下を見ながら『しっかりしなさい。元気を出しなさい。あなたには、もう悪いことは起こさせ

ませんから』とだけ言った」〔『ローマ史』五一、一二、一〜五〕

Ⅳ　クレオパトラの自殺

オクタウィアヌスが助命してくれたとしても、ローマの凱旋式で戦車の背後で鎖につながれて引きまわされるだけだと、女王はすぐに悟った。そこで、彼女は幕引きを決断し、みずからの死を演出した。まず、アントニウスを墓前で追悼する許可を求めた。

プルタルコスはアントニウスの墓前でのクレオパトラの嘆きの言葉を伝えている。おそらく、それは作文練習、まさに劇的で悲痛な、女王の恋情と感情を説明する一篇の詩にすぎないだろう。

「彼女は次のように叫んだ。『愛《いと》しいアントニウス、ついせんだって、まだ自由な手であなたをこのお墓に葬りました。しかし、いまは囚われの身で、あなたにお酒をかけています。叩いたり、悲しんだりして、この奴隷の身体に傷をつけることがないよう監視されており、あなたに対する勝利を祝う凱旋式のため取っておかれています。もうこれ以上、お参りも献酒も期待しないでください。これが囚われの身のクレオパトラがあなたに対して行なう最後のお勤めです。あなたが生きていらっしゃるときは、互いを切り裂くものは何もありませんでした。いまは死によって、生地を交換しようとしているようです。ローマ人のあなたがこのエジプトの地に葬られ、この哀れな私はあなたの国イタリアで、ごくわずかな土地をもらって葬られるでしょう。しかし、あなたの国の神々が少しでも力と権能をお持ちならば――当地の神々は我々を裏切られたのですから――、あなたの妻を生きたままにせず、あなたに対する勝利を祝う凱旋式で引きまわされることなく、あなたと一緒にここに隠し、埋葬してください。私を苦しめた無数の不幸のなかでも、あなたなしで過ごしたこの短いひとときほど、私にとってひどく恐ろしい不幸はなかったのですもの』。このように嘆いたあと、彼女は骨壷に花冠を被せ、口づけをした」〔『アントニウス伝』八四〜八五〕。

クレオパトラは宮廷に戻ると、最後の入浴をし、そのあと豪勢な食事を用意させた。

「そのとき、田舎から籠を持った男がやってきた。番兵が何を持ってきたのかと訊ねると、この男は籠を開け、葉っぱを取り除いて、イチジクが一杯詰まった籠を見せた。番兵が大きくて綺麗なイチジクに感心したので、男は微笑んで、いくつか取るよう勧めた。すっかり番兵は信用し、運び入れるよう指示した。食事のあと、クレオパトラは、手紙を認《したた》めて封緘していた書字板を手に取り、それをカエサル（オクタウィアヌス）のところへ送り、例の二人の女性以外は全員立ち去らせて、扉を閉めた。カエサル（オクタウィアヌス）は、手紙の封を解くと、自分をアントニウスとともに葬ってほしいというクレオパトラの愁訴と哀願が記されていたので、すぐさま発生した事態を悟った。彼自身、まず飛んで助けに行こうとしたが、そのあと急遽、検分の使者を派遣することにした。不幸な事態は速やかに起こっていた。カエサルの使者は急いで駆けつけたが、番兵はまだ何も知らされておらず、扉が開けられると、女王が黄金のベッドに横たわり、女王の装束をつけて息絶えているのが目に映った。二人の侍女のうち、エイラスは女王の足元で死んでおり、もう一人のカルミオンはすでによろよろして、頭が重くなり、女王の頭の周りにつけられていた王冠の形を整えていた。カエサルの部下の一人が怒って『カルミオン、まったくひどいことだな』と言うと、『本当に惨《むご》いことです。でも、由緒ある王家の末裔にはふさわしい』と答えた。この侍女はそれ以上のことは言わず、ベッドの傍で倒れた」〔前掲書、八五〕。

クレオパトラはどのようにして死んだのであろうか。女王が自殺するのに用いた方法は、永遠に秘密のヴェールに包まれたままである。ローマ人が採用した公式の見解は、女王は蛇に咬まれたということであった。この説明は議論の余地があるものの、最終的に排除すべきではない。医者のガレノス(二世紀)によると、コブラに噛ませる処刑は、早く死に至らせ、苦痛の期間が短く、アレクサンドリアの死刑囚にとっては、いわば優遇措置であった。しかも、プルタルコスの伝えているところによると、女王は以前にあらゆる毒物を囚人でテストしていた。そのとき発見したのは、ある蛇〔ギリシア語では「アスピス」、おそらくコブラ〕に「咬まれると、たんに体が重苦しくなり、眠気や気落ちを覚えて、痙攣も呻き声も出さず、顔が軽く汗ばむだけであり、簡単に五感が麻痺して鈍り、目覚めさせたり起こそうとしても、熟睡している人のように、目覚めることも起きあがることもしない」〔前掲書、七二〕ということであった。

ストラボンとプルタルコスは、クレオパトラの死の原因を訝《いぶか》う。ストラボンは毒か、蛇かで迷っているが、プルタルコスは意識的に、提起されていたすべての仮説を併記している。

「蛇は木の葉で覆われたイチジクの下に隠されて運んでこられたと言われている。気づかれずに蛇に咬みつかせるため、彼女はこのようにするよう命じていたのである。しかし、イチジクを見たとき、彼女は蛇も見つけた。『ああ、ここにいるわ』と叫んで、咬ませようとして腕を差し出した。別の人が主張するところによると、彼女は水差しのなかに蛇を隠し持っており、黄金の紡錘で唆《けしか》けたので、蛇が怒って彼女に飛びかかり、腕を咬んだという。しかし、実際には、彼女の死の真相については、何一つ確実なものはない。中空の櫛に毒を入れて、いつも髪の毛の中に隠し持っていたという噂もあった。しかしながら、彼女の身体には、斑点も毒薬の跡もなかった。寝室では蛇すら発見されなかった。ただ、ある人は、海岸沿いの、墓の窓から見える場所で蛇の卵をいくつか見つけたという。しかし、またある人は、クレオパトラの腕に小さな傷跡が二箇所かすかに認められたと述べている。これらの人々の言うことを、カエサル（オクタウィアヌス）は信じたようだ。というのも、凱旋式でクレオパトラの像がもち運ばれたが、その像には蛇が巻きつけられていたからである。以上が事件について語られていた内容である」〔前掲書、八六〕。

したがって、公式の説明は、蛇に咬まれたということであった。スエトニウスが伝えるところでは、オクタウィアヌスは、「傷の毒を吸い取るため、プシュッリ人（蛇に咬まれたのを治療できるといわれていたリビアの小部族）を呼んだりした」〔『アウグストゥス伝』一七〕。

V エジプト問題の解決

クレオパトラの死の知らせに接したオクタウィアヌスは、怒り心頭に発した。女王の自殺によって凱旋式の重要な部分がなくなってしまったからである。ローマ人に見せるつもりだった生きた戦利品を失ってしまったのだ。

それでも、オクタウィアヌスは家柄にふさわしい葬儀を行なったあと、女王をアントニウスの傍らに埋葬するよう命じた。スエトニウスによると、「彼はこの二人に対し、墓をともにする栄誉を認め、彼らがみずから着工していた墓を完成するよう命じた」〔前掲書、一七〕。彼女が逆境で示した勇気に対し、ある種の賞賛の念さえ覚えていたのであろう。エジプト全土に建てられていた彼女の彫像を取り壊させるようなことは、けっして行なわなかった。オクタウィアヌスは誠実であったのだろうか。実際には、彼の感情には政治的打算が混じっていたはずである。ディオン・カッシオスによると、「彼は、ローマにとって役に立つ、かくも多数の住民に対して、取り返しのつかないことをするようなまねはしなかった」〔『ローマ史』五一、一六、三〕。完璧な勝利であったので、アレクサンドリアの人々をこれ以上侮辱する必要もなかったのである。

新しいエジプトの支配者は、アレクサンドロス大王の亡骸に敬意を表するため、アレクサンドリアにある大王の霊廟《セマ》へ赴いた。アレクサンドリアの住民を集め、体育場《ギュムナシオン》に設置した演壇から次のように演説した。「私はアレクサンドリアの住民に対し、すべての過ちを赦そう。まず、この都市の創建者アレクサンドロスに免じてであり、第二には、この都市の規模と美観に感嘆したからである。第三には、私の友人である哲学者アレイオスに恩義を感じているからである」〔『アントニウス伝』八〇〕とプルタルコスは記している。

プトレマイオス朝という由緒ある王国はローマの一属州となり、オクタウィアヌスがエジプト長官《プラエフェクトゥス》に任命したガッルスに託された。ヘレニズム世界は政治的には死んだが、その文明は、さらにながく東方世界に影響を与え、西方世界へ普及したのである。

カエサリオンは、「多くの財宝を携えて」〔前掲書、八一〕エチオピア方面へ逃亡し、そのあとインドへ渡る予定であったが、傅育官ロドンの裏切りにあった。オクタウィアヌスは、彼をアレクサンドリアへの帰途に殺害させた。アレイオスが言ったとされる表現によると、「カエサルが何人もいるのはよくない」〔前掲書、八一〕からである。したがって、カエサルとクレオパトラの子は、『鷲の子』の悲しき運命を経験したのである。運命は彼に帝国の統治を約束したかと思われたが、かつてのアレクサンドロス四世[1]や、のちのナポレオン二世[2]のように、実際に帝国を統治することはなかった。アントニウスとフルウィアの子アンテュッルスは、ロドンほど有能でない傅育官テオドロスによって引き渡され、同様に殺害された。

（1）アレクサンドロス大王とロクサネとの子（前三二三〜三一〇年頃）。大王の死後に生まれ、異母兄アッリダイオスと共同統治することになっていたが、後継者たち（ディアドコイ）の争いによって、実際に統治することはなかった〔訳注〕。

（2）ナポレオン一世とマリ・ルイーズとの子（一八一一〜三二年）。一八一五年、ナポレオン一世が退位したとき、両院で皇帝に任命されたが、母親がウィーンへ連れ帰ったため、フランス帝国を統治することはなかった。E・ロスタンの演劇『鷲の子』の主人公〔訳注〕。

それに引きかえ、オクタウィアヌスはアントニウスとクレオパトラの三人の子供を助命した。三人はイタリアへ送られ、オクタウィアが養育に当たった。紀元前二五年頃、クレオパトラ・セレネはマウレタニアの王ユバ二世と結婚した。彼女が自分の兄弟をアフリカへ連れて行き、彼らがイオル・カエサリア（現シェルシェル、在アルジェリア）の宮廷で生活したことはまず確かであろう。この兄弟に子供がいたかどうかはわかっていない。クレオパトラ・セレネは西暦が始まる数年まえに他界した。彼女が鋳造させたコインには、王冠を被った肖像が表現され、名前がギリシア語で記されている。彼女が誇らしげに母の遺産の継承を求めたことを示すものである。彼女は息子にプトレマイオスという名前を選んだ。この子は西暦二三年から四〇年までマウレタニアを統治した。

第六章　女王と王政のイデオロギー

I　贅沢な生活

女王とその廷臣はアレクサンドリアの王宮地区に住み、「贅沢な生活」（ギリシア人は「トリュフェ」と呼んだ）を送っていた。このような生活は王の振舞いの特徴として認められていた。女王は物議を醸すような奢侈、常軌を逸した浪費を追求した。このような行為によって、常人を凌駕していることを示すことができたのである。紀元前四一年から四〇年にかけての冬、「真似できない生活をする人たち《アミメトビオイ》」の会を設立した目的は、享楽の追求だけではなく、君主権の顕示でもあった。アレクサンドリアのギリシア＝ローマ博物館に収蔵されている花崗岩の柱礎に、アントニウスは「真似できない《アミメトス》」（W・ディッテンベルガー『東方出土ギリシア語碑文選集（ＯＧＩＳ）』一九五）と書かれていることに注目しよう。かくして、アントニウスは王という肩書きを名乗ったことはないが、彼自身ヘレニズム君主と同一視される行動をしていることを宣言したのである。

ここにおいてかつてのマケドニア人の気質がどう変ったのかが見てとれる。アレクサンドロス大帝とその直近の後継者《ディアドコイ》たちの時代には、君主の資格を決めたのは武人としての能力であった。もちろん、そうは言っても、プルタルコスが『デメトリオス伝』で指摘しているように、激しやすいことや放埒なことは、王の立ち振る舞いに欠かせない要素であった。むしろ、プトレマイオス朝末期の王では、過度の贅沢は君主の職責とカリスマ性を構成する要素であった――クレオパトラの母親の添名がトリュファイナ、すなわち「贅沢な生活をする」であったことを想起しよう。

この「真似できない」贅沢はクレオパトラの治世にその頂点を極める。プルタルコスはいくつかの例を挙げている。

「アンフィッサ〔デルフィ西方〕の医師フィロタスが私の祖父アンプリアスに語ったところによると、彼が当時アレクサンドリアで医術を学んでいたとき、女王の料理長の一人と親しくなり、若かったので、晩餐の豪華さやその準備状況を見に来るよう誘われた。さて、厨房に案内され、きわめて多くの食材があったなか、串に刺された八頭もの猪があるのを見て、この饗宴の出席者の多さに驚きの声をあげた。料理長は笑って、次のように述べた。『饗宴の出席者は多くありません。一二人くらいです。料理はみな食べ頃に出さねばなりません。食べ頃はほんの一瞬です。アントニウスさまは、おそらく、食事を所望されたかと思うと、そのすぐあと、食事をあとまわしにして、酒を求めたり、誰かと会話に耽ったりなさいます。だから、料理は一回分ではなく、数回分用意しております。いつ出せばよいのか、見当がつきませんから』」〔『アントニウス伝』、二八〕

主人を喜ばせるすべを知っていた廷臣たちは、会食者を大勢引き連れて主人の邸宅へ戻ることがあった。ある夕べ、アンフィッサの医師フィロタスがアントニウスの子アンテュッルスの家に招待された。この医師が冗談を言っておおいに笑わせたので、アンテュッルスは「立派な銀の大盃が多数置かれていたテーブルを指して、『これを全部おまえにやろう』と言った。フィロタスはそれに謝意を表したが、こんな小さな子供がかくも高価なものを処分できるとは夢想だにしていなかった。だが、その少しあと、アントニウス家の奴隷の一人がそれらの大盃を袋に入れて持ってきて、それに封緘《ふうかん》して欲しいと言う。フィロタスは、受け取るのを恐れ、断りつづけていた。『受け取るのを躊躇されるとは、おめでたい方ですね。贈られたお方はアントニウスさまのご子息ですぞ。ご存知ないのですか。同じくらいの重さの黄金の器も贈呈できる方ですよ』とこの奴隷は言った」〔前掲書、二八〕。

王宮とその「真似できない」贅沢は、女王とともに移動する。クレオパトラはアントニウスと会うためキュドノス川を遡航したあと、彼を豪勢な饗宴に招待した。「そこには筆舌に尽くしがたい準備がなされているのを知ったが、彼が最も驚いたのは、灯火の数の多さであった。というのは、灯火は吊りさげられ、一度にあらゆる方向から輝いており、互いの角度や位置によって四角形や円形になるように配置されていたので、これより美しい、あるいはこれより一見の価値がある光景はあまりないと言われていた」〔前掲書、二六〕とプルタルコスは書いている。同様に、オクタウィアヌスとの戦争の初期段階でアントニウスとクレオパトラがサモス島に滞在したが、この滞在はこの島を熱狂に陥れた。ここでは「何日間も笛と竪琴の音が響きわたった」〔前掲書、五六〕。

女王はアレクサンドリアを離れるときには必ず自分の財宝を帯同し、船に積ませていた。その結果、オクタウィアヌスがアクティウムで奪った何隻かの艦船には、「多額の銀貨、大量の金銀製の什器」や「豪華な家具」〔プルタルコス、六七〕が積まれていた。こんにちルーブル美術館にある《ボスコレアーレのパテラ》〔第六章Ⅲ参照〕は、おそらくこの種の戦利品に由来するのであろう。

大衆の想像力を絶する演出や豪勢な儀式は、女王の「真似できない」行動から直接生まれた結果である。クレオパトラは身体を飾らないで臣下のまえに姿を現わすことはできなかった。そのようなことをすれば、彼女は信頼を失うだろう。プトレマイオス朝の王政は、まさに「ショーを演出する王政」となっており、臣下を、たえず、やきもきさせ、賛美させ、尊崇させておかねばならない。クレオパトラは王固有の役割を演ずる俳優であり、必要なら子供も登場人物にしながら、「主役」を演ずる。

女王がこの種のショーに強い趣味をもっていたことは否定できない。だが、彼女もプトレマイオス朝の伝統のなかに生きていたのである。彼女の先祖プトレマイオス二世フィラデルフォス（前二八五〜二四六年在位）はアレクサンドリアでディオニュソスの壮麗な行列を催した。アテナイオスはその行列について書き遺している（『食卓の賢人たち』四）。この君主はまた紀元前二八〇年にプトレマイア祭——オリンピック競技に代わる「五年ごとの競技」——を開催した。この競技は王朝の栄光のために数々の大イベントを催す機会でもあった。

Ⅱ　女王の側近

クレオパトラの幼児期については詳しいことはわからない。王女が、兄弟や姉妹および「王の子供たち《バイデス・バシリコイ》」や「一緒に養育された者《シュントロフォイ》」といわれた子供たちとともに王宮で養育されていたことは間違いない。王子とか王女の勉強を指導したのは、傅育官《トロフエウス》であった。特定の科目を教える教師もいた。たとえば、キオスのテオドトスは、のちのプトレマイオス十三世に弁論術を教えた。クレオパトラが数多くの言語を習得し、プルタルコスの言うように、それらの言葉でみずからの意思を表明できるようになったのは、おそらく少女時代のことであろう。とくにエジプト語を教えられ、『アントニウス伝』の著者プルタルコスによると、それを自由に操ることができたのである。

主たる顧問は宦官であるのが慣わしであった。おそらくプトレマイオス朝末期にオリエント起源の慣行がアレクサンドリアに導入されたのであろう。これらの慣行と同じような例は、ペルシアのアケメネス朝にあったが、エジプトにはなかった。宦官としては、プトレマイオス十三世に対するポティノス（傅育官でもあった）、アルシノエ四世に対するガニュメデス、クレオパトラ七世に対するマルディオンを挙げておこう。彼らは去勢された奴隷であり、仕えている主人にきわめて忠実であった。逆に、女王や王は、おそらく身体的無能力ゆえに彼らに全幅の信頼を置いていた。たとえば、アレクサンドリア戦争のときアルシノエ四世が宮廷から逃れることができたのは、ガニュメデスが援助し、加担したからである。

王の側近はきわめて厳格な階層に区分されていた。最高位を占めたのは、王の親戚《シュンゲネイス》である。これは血縁関係を前提としない敬称である。そのつぎに護衛官長《アルキソマトフュラックス》、さらに僚友《フィロス》が続く。僚友自体、さらに最高の僚友《プロトイ・フィロス》、僚友《フィロス》、次位の僚友《ディアドコイ》に区分される。廷臣は特権を有する者のサークルを構成していた。しかし、特権階級という言葉を使うことはできない。これらの肩書きは世襲によって継承されることはなかったからである。

クレオパトラはつねに護衛によって警備されていた。護衛はローマ兵士である。ディオン・カッシオスによると、護衛は女王の名前を楯のうえに記していたと言われる。

以下に、古代の資料に基づき、プトレマイオス十三世と、アルシノエ四世、クレオパトラ七世について知られているおもな廷臣の名前を挙げておこう〔五十音順〕。

（1）プトレマイオス十三世の側近

アキッラス　軍最高司令官。原住民出身なので、エジプト人と呼ばれた。

テオドトス（キオスの）　王子時代の弁論術の教師。

ポティノス　宦官。王の傅育官、のち顧問官。

（2）アルシノエ四世の側近

ガニュメデス　宦官。

（3）クレオパトラ七世の側近

アポッロドロス（シチリアの）　忠実な家僕。女王を寝具袋に隠し、カエサルのところへ連れていった。

アルキビオス　女王の僚友《フィロス》。オクタウィアヌスに金員を贈って、クレオパトラの彫像が引き倒されないよう工作した〔『アントニウス伝』八六〕。

エイラス　クレオパトラの髪結女。女王とともに自害。

エウフロニオス　アントニウスとクレオパトラの子供たちの傅育官〔『アントニウス伝』七二〕。

オリュンポス　女王の侍医〔『アントニウス伝』八二〕。

カルミオン　女王の侍女にして側近。女王とともに自害。

セレウコス　クレオパトラの財務官。

ディオメデス　女王の秘書官。

テオドロス　アンテュッルス（アントニウスとフルウィアの子）の傅育官。主人をオクタウィアヌスに引き渡した。そのあと、アンテュッルスが首につけていた宝石をくすね取ったため、磔刑に処せられた。

ニコラオス（ダマスクスの）　哲学者にして歴史家。クレオパトラの子供たちの傅育官（ヘロデ一世に仕える以前のこと）。

ポティノス　女王の顧問官。

マルディオン　宦官。女王の顧問官

ロドン　カエサリオンの傅育官。カエサリオンをエチオピアへ連れてゆく予定であったが、裏切った。

図１　クレオパトラ
４ドラクマ銀貨（パレスティナのアスカロンで前50／49年に鋳造）

Ⅲ　クレオパトラの肖像

クレオパトラ七世の肖像はよく知られている。古銭学がきわめて確実な資料を提供しているからである。事実、女王が鋳造させたコインは、表面に王の肖像を表わし、裏面にギリシア語の属格で記された銘「女王クレオパトラの（コインが含意）」（クレオパトラス・バシリッセス）が刻まれている。したがって、これらのコインがこの女王のものであることに疑問を挟む余地はない。

このコインでは、クレオパトラは大きな王冠《ディアデマ》を被っている。図像学上、王冠はヘレニズム時代の王に最も共通する持物《じぶつ》であり、勝利を象徴するヘアバンドではない。クレオパトラの王冠は、どちらかといえば金属の王冠、おそらく黄金の王冠であり、それには紐が付けられていて、その両端は女王の項《うなじ》のところで垂れている。

女王の最も古い肖像は、紀元前五〇～四九年にパレスティナのアスカロンで鋳造された一連の四ドラクマ銀貨（図1）に現われる（『大英博物館目録（BMC）』、第二七巻（パレスティナ）、二〇番、一〇八頁）。したがって、女王二十歳のときのものである。巻き毛の髪は三つ編にされ、後頭部で結われて髷《まげ》となっている。この髪型は「メロンの網目模様」を連想させる。紀元前三世紀、すでにベレニケ一世やアルシノエ二世がこの髪型を結っていた。ほどけた巻き毛が額の上部を飾っている。目は大きくて、顔の輪郭は理想形とはほど遠く、きわめて個性的に見える。額は張りだしており、鼻は長く、とがっていて、下唇が少し厚い。顎はわずか突きでていて、父アウレテスの肖像だけでなく、王朝の創始者プトレマイオス一世ソテルの肖像をも想起させる。したがって、「ギリシア人の横顔」とはほど遠い。アスカロンの四ドラクマ貨幣からは、女王が着けていた装身具（耳飾り、真珠の首飾り、上衣《キトン》や女王の肩を被った内衣《トゥニカ》の上部）も見てとれる。

現在ベルリン博物館に収蔵されている大理石の頭部彫像（番号一九七六・一〇）は、このコインの像を丸彫りで正確に表現している。こんにち、これがクレオパトラ七世の人物像であることに疑問の余地はない。コインの場合と同様、この肖像の特徴はきわめて明瞭である。この若き女王の顔は、実に独特の気品を漂わせている。

ヴァチカン美術館には、もう一つ別の、大理石のクレオパトラの頭部（目録三八五一一）が収蔵されている。残念ながら、これには鼻が欠けている。しかし、コインの横顔やベルリンの頭部彫像と異なり、大きな王冠のうえにはウラエウス（ファラオのコブラ）が付けられていた。この彫像は一七九〇年にローマで発掘されたものである。おそらくオクタウィアヌス勝利のあと、イタリアにもたらされた戦利品の一つであろう。

クレオパトラの三つ目の頭部彫像は、おそらく死後の作品で、クレオパトラ・セレネが治めていたシェルシェル（古名イオル・カエサレア、在アルジェリア）で発見された。女王の娘は出自を自負し、マウレタニア属州の都に母の彫像を建てることによって、母に対する敬意を表明したのである。

つぎに挙げる二つの大理石像はクレオパトラのものとされることが多いが、管見では、彼女のもので

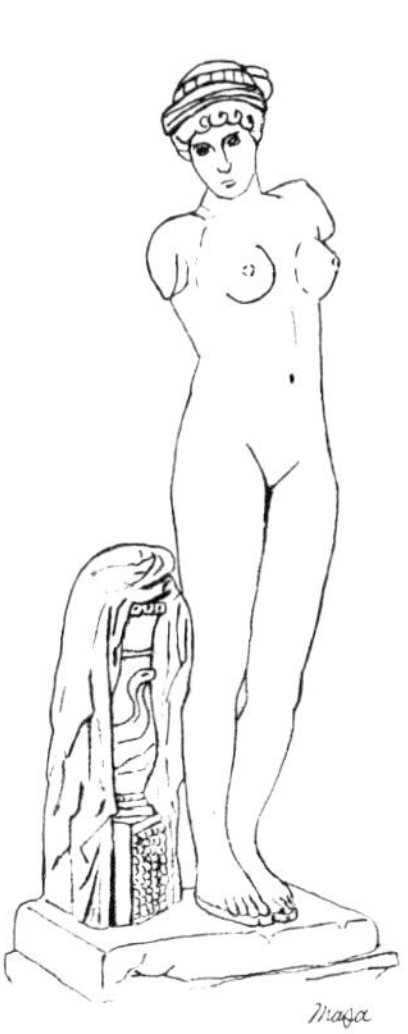

追加図版Ⅰ《エスクィリーノのヴィーナス》

はないと思われる。王冠を被っていない大英博物館の頭部彫像と、プトレマイオス朝の一部の女王が着けていたのとまったく異なるヴェールを被ったシェルシェルの胸像がそれである。

ディオン・カッシオスは、ユリウス・カエサルがウェヌス・ゲネトリクス神殿〔「カエサルのフォルム」にある〕に奉納したとされる金箔張りの女王の彫像に言及している。前述したように〔第三章Ⅳ〕、独裁官カエサルのこの奉納は、ウェヌス〔ユリウス氏の神話上の祖先〕と同一視された女王に対する個人崇拝を創始する行為と考えられた。こんにちローマのカピトリーノ美術館〔コンセルヴァトーリ宮殿〕にある《エスクィリーノのヴィーナス》〔追加図版Ⅰ〕と呼ばれる彫像は、おそらく独裁官カエサルが奉献した原作の模刻と思われる。「湯浴みを終えた《アナデュオメネ》」アフロディテ〔ウェヌス〕として表現された若い女性が髪を結おうとしている。ここまでは何の新しさも、何のエジプトらしさもない。この女性の足元には箱が置かれている。おそらく、花〔多分バラ〕のモチーフで飾

追加図版Ⅱ《ボスコレアーレのパテラ》

られた化粧箱だろう。この作品の、エジプト的要素、少なくともエジプト風の要素は、箱のうえに置かれた花瓶にある。花瓶の頭部は蓮《はす》型で、プトレマイオス時代のいくつかの青銅容器に見られる特徴を示している。さらに、もう一つのエジプトの要素である「ファラオのウラエウス」を想起させるコブラが現われ、花瓶の周りに巻きついている。したがって、この彫像はエジプトと何らかの関係がある。これはアフロディテ＝イシスという異文化融合の彫像か、イシスの女神官であると考えられていた。

最近、P・モレノ（参考文献参照）は、これをクレオパトラ七世と考えるべきだと提唱している。この解釈は最終的な結論を得ていないが、説得力がある。顔の様式化、髪の毛やヘアバンドの処理がベルリン、ヴァチカン、シェルシェルの頭部と明らかに異なることは事実であるが、祭祀用の肖像を複製する場合、女王の写実的な肖像と完全に一致させる必要はないと言える。肖像の第一の目的は女王と女神の類似性を示すことにあった。しかし、いまなお論争は継続している……。

こんにちルーブル美術館に展示されている《ボスコレアーレのパテラ》〔BJ一九六九〕〔追加図版Ⅱ〕は、ヘレニズム図像学の解釈が難しいことを示すもう一つの例である。これはポンペイ近くのボスコレアーレで発掘された、鍍金された銀製の広口の杯で、もっぱら装飾用に使われていたものである。杯の中央には象の皮を被った女性の上半身が飾られている。一部の研究者――M・デッラ・コルテやJ・カルコピーノ――が言うように、これはクレオパトラの寓意像かもしれない。

若い女性が上衣《キトン》をまとい、左肩をあらわにしている。右手にはコブラ――ファラオのウラエウス――を握り、左手には豊穣の角を抱えている。この角には果物が一杯盛られ、盛られた松毬《まつかさ》のうえに三日月が乗っかっている。角の模様自体も二つの帯状模様に区分されている。上段には太陽神ヘリオスの胸像が飾られ、下段にはゼウスの鷲、星、ディオスクロイ〔ゼウスの子、カストルとポッリュデウケス〕が被っていた円錐形のフエルトの縁なし帽《ピロス》が飾られている。

多くの神々のシンボルが胸像の周りを取り囲んでいる。女性の右肩のうしろには、アルテミスの矢筒と弓の上部、それにヘラクレスの棍棒が見える。肩のうえには、同じくヘラクレスを想起させるライオンがつかまっている。反時計回りに配置されているのが、イシス信仰の祭具シストルム、ポセイドンを表象する波間に飛び込むイルカ、ヘファイストスのペンチ、ヘルメスの杖、アレスの剣、アポロンの竪琴である。

胸像そのものにも多数の要素が付けられている。その左胸では、ディオニュソスの豹がファラオのコブラに立ち向かっている。

豹とコブラのあいだには、松毬やザクロの実があり、さまざまな果物の真んなかにはヘラの孔雀がいる。デメテルを想起させる麦の穂が孔雀の頭と蛇の口のあいだに立っている。

これらシンボルのほとんどは、プトレマイオス朝の公式の図像に登場することが多い。大きさと位置で最も重要なのが、豊穣の角と象の皮である。神話では、豊穣の角はゼウスの乳母アマルテイアと関係がある豊穣と繁栄のシンボルである。象の皮のほうは、インドを征服したアレクサンドロス大王が、神話上の祖先ヘラクレスをまねて被っていた勝利の記念品である。ヘラクレスも同じようにテスピアイのライオンの皮を被っていた。このシンボルは、クレオパトラ一世がキプロスやキュレネで鋳造した銀貨で再び使われた。この女王は大王の勝利の記念物を奪って、みずから「新しい女性のアレクサンドロス（アレクサンドレイア）」として現われたのである。これを契機として、彼女が都市アレクサンドリアの化身と混同されることになった。以上述べたことが象の皮というシンボルが持つ一連の意味である。象の皮を身に着けることによって、女王はアレクサンドロスの遺産を想い起こさせた。彼女はその遺産の継承者と見なされたいと考えていた。だが、象の皮は、大王によって創建され、プトレマイオス王国の首都であったアレクサンドリアをも象徴したのである。女王は象の皮を被ることで、プトレマイオス王国をある種比喩的に体現していた。以上が、おそらくこのパテラの胸像部分に与えられた意味であろう。

豊穣の角から出ている三日月は、月の女神セレネと関係がある。これは豊饒の角の上段の帯状模様にあるヘリオスの胸像のごく近くに配置されている。二つの図像は互いに補完しあっているはずである。クレオパトラによって創られた新しい万神殿の、図像によるある種の置き換えではないかとも考えられる。月はクレオパトラ・セレネを、太陽はアレクサンドロス・ヘリオスを連想させているのかもしれない。それゆえ、豊穣の角はエジプトの繁栄を象徴しており、新しい女神、新しい神々の母である女王の多産性と混同される。

他の二つの要素、すなわちコブラとそれに立ち向かう豹は、中央の位置に置かれ、かつ大きく表現することによって強調されている。その構成は明らかに対称性に配慮しているが、同時に二つの要素の出会いも示唆している。蛇が表わすファラオの権力と、豹が表現するディオニュソス主義[1]である。豹はバッコス〔バッカス〕の愛玩動物であり、図像では、バッコスは豹に騎乗していることが多い。ところが、ウラエウスがエジプトの女王を象徴しているとすれば、豹はひょっとするとアントニウスを示唆しているのかもしれない。アントニウス自身、ディオン・カッシオスが伝えているように、みずからをディオニュソスと同一視していたからである。したがって、管見では、このパテラ上に、タルソスでの会見とその結果の象徴的表現の一形態を認めることができると思われる。婚姻の保護女神ヘラの孔雀が蛇と豹のあいだに止まっているため、なお一層そのように思えるのである。

（1）人生が豊かで、陶酔的・激情的性格を持っていることを認める概念〔訳注〕。

このような解釈は大胆と思われるが、《ボスコレアーレのパテラ》がアントニウスとクレオパトラの宣伝と政治・宗教的イデオロギーを繰り返し説いたものであることは、まず確実と思われる。しかし、この点についても論争は終結していない。

Ⅳ　夫婦の図像――クレオパトラとカエサリオン、アントニウスとクレオパトラ

キプロス島のパフォスで鋳造された青銅貨（次頁、図2）は、幼きカエサリオンを胸に抱いたクレオパトラを表している（BMC、第六巻（エジプトのプトレマイオス諸王）、二番、一二二頁）。アスカロンの四ドラクマ同様、女王は三つ編み髪を結い、その先端に髷をつけている。しかし、キプロスの青銅貨では、

図2　クレオパトラとカイサリオン
青銅貨（28 mm , 前 47 年にキプロスのパフォスで鋳造）

図3　クレオパトラとアントニウス
青銅貨（25 mm , 前 34/33 年にフェニキアのドラで鋳造）

図4　クレオパトラとアントニウス
4 ドラクマの銀貨（前 34/33 年にオロンテス河畔のアンティオケイアで鋳造）

図5　クレオパトラとアントニウス
1 デナリウス銀貨（前 34 年にオリエントの工房で鋳造）

女王はアフロディテの王冠を被っており、この女神と同一視されている。かかる同一視はアルシノエ二世以来プトレマイオス朝ではよく行なわれたが、アフロディテが強く尊崇されていたキプロスではとくに意味があった。

カエサリオンもアフロディテ姿の母の腕に抱かれ、新しいエロス〔キューピッド〕となった。しかも、女王はこの子の摂政のように見える。彼女は肩に王笏を背負っている。子が成人すれば、王笏は王子に渡されるのだろう。

このコインは紀元前四七年のカエサリオン誕生とキプロス返還を祝賀して鋳造されたものにちがいないと、H・フォルクマン（参考文献を参照）は考えている。

アントニウスは王という肩書きを持っていなかった。そのため、エジプトやキプロスで鋳造されたコインに、彼が刻出されることはない。女王の肖像に最高指揮官アントニウスの肖像が伴っているのは、シリアとフェニキアで鋳造されたコインだけである。

紀元前三四年から三三年のあいだにフェニキアのドラで鋳造された青銅貨（H・R・バルドゥスが研究。参考文献参照）はこの両恋人の胸像を表している（図3）。その発想は、「救済神たち」（プトレマイオス一世とベレニケ一世）や「姉弟神たち」（プトレマイオス二世とアルシノエ二世）夫妻を表現したコインに基づく。しかし、紀元前三世紀の偉大な夫婦の場合と異なり、ドラの青銅貨では、前景に描かれたのは男性の胸像ではなくて、女王の胸像であり、女王の胸像がアントニウスの胸像をなかば隠している。かくして、王の肩書きと王冠を持ったただ一人の人物であるクレオパトラの優位が正式に宣言されているかのようだ。

紀元前三四年から三三年にオロンテス川沿岸のアンティオケイアで鋳造された四ドラクマ貨（図4）

では、表面にクレオパトラ、裏面にアントニウスが刻印されている（BMC、第二〇巻（ガラティア、カッパドキア、シリア）、五三番、一五八頁）。女王が王冠を被り、真珠の首飾りでつながれた二つのブローチで留めた内衣《トゥニカ》を着て贅沢な姿をしているのに、アントニウスは相変わらず頭には何も被っていない。コインの銘も二人の人物の地位が異なることを示している。クレオパトラは「女王、生まれ変わった女神」（バシリッサ、テア・ネオテラ）〔二〇一頁参照〕と呼ばれているのに、アントニウスは「インペラトル歓呼三回、三人委員」（アウトクラトル・トリトン・トリオン・アンドロン）と記されているだけである。

紀元前三四年に所在地不詳のオリエントの工房で鋳造された一デナリウス貨（図5）についても、この考察があてはまる（E・A・サイデンハム『大英博物館のローマ共和政のコイン』一九五二年、一二一〇番）。ラテン語の銘「アントニウスの〔コイン〕、アルメニアは征服された」（アントニ・アルメニア・デウィクタ）は、アルタウァデス二世に対する勝利を記念しており、同王のティアラ（先のとがった王冠）が戦利品のようにアントニウスの胸像のうしろに置かれている。裏面には、女王の王冠をつけた胸像が表現され、「クレオパトラ、諸王および王たる息子たちの女王の〔コイン〕」（クレオパトラエ・レギナエ・レグム・フィリオルム・レグム）という銘が取り囲んでいる。これらの言葉は、体育場《ギュムナシオン》における儀式の際女王とその子供に与えられた肩書きを直接表示したものである。クレオパトラの前方にある軍艦の舳《へさき》は、プトレマイオス朝の艦隊の実力を想起させる。

V　権力のシンボル

図像では、王権は女王の持物《じぶつ》である王冠と王笏で表現されるほか、神のシンボルによっても表現される。

エジプトで鋳造されたクレオパトラのコインの裏面には、爪で雷（稲妻というゼウスの武器）を持つゼウスの鷲が刻印されている（BMC、第六巻（エジプトのプトレマイオス諸王）、五番、一二三頁）。鷲はプトレマイオス一世ソテルのコインに初めて出現した。こうすることによって、プトレマイオス朝の創始者は、まさに神の選択によって、直接オリンピアの主《あるじ》から権限をもらったことを示そうとしたのである。雷を持つ鷲は、プトレマイオス一世の後継者によって継承され、プトレマイオス王朝で最もよく使われるシンボルとなった。クレオパトラが発行したコインの裏面には、鷲が羽の下に勝利を表わす棕櫚《しゅろ》の枝を持っている場合がある。しかし、ほとんどの場合、鷲は豊穣の角《ディケラス》とともに描かれる。

元来、豊穣の角はゼウスに乳を与えた牝羊アマルテイアの角であり、のちに運命の女神《テユケ》の持物《じぶつ》の一つとなった。この角をさまざまな形に変えたものが確認されている。これらの豊穣の角はそれぞれ異なる女王に対応していて、その女王の紋章と化している。クレオパトラはアルシノエ二世フィラデルフォスが用いた豊穣の角が二つ連なる構図を再び使用した。みずからの治世を紀元前三世紀の栄光に満ちた君主の治世と結びつけようとしたのである。前述したキプロスの青銅貨（図2）の裏面では、クレオパトラの豊穣の角から、果物や円錐状の菓子が溢れ出ている。しかも、二つの角は互いに王の紐で結ばれており、紐の端は風でなびいている。

コインの裏面には、イシス女神の被り物（麦穂、牛の角二本、上に長い羽を付けた太陽の円盤）が表現されていることがある。鷲のまえに二本の角に代えて、被り物が置かれていることもある。もっと稀なことではあるが、パトライの青銅貨（BMC、第一〇巻（ペロポネンソス半島）、五番、一四頁）のように、被り物が裏面の全体を占めている場合もある。

Ⅵ　王政のイデオロギー

　プトレマイオス朝を論じた書物は発見されていないが、ヘレニズム時代のギリシアの思想家たちは、『王政について《ペリ・バシレアス》』と題する作品を著わしていた。たとえば、ランプサコスのストラトスの場合がそうである。彼は、家庭教師を務めていた若き王子、のちのプトレマイオス二世フィラデルフォスのために著作をものした。プトレマイオス朝の王政、とくにクレオパトラの王政、のイデオロギーを想定することができるのは、公式の図像（コイン、彫刻）、文学上の言及、若干の碑文資料を通してである。このイデオロギーは「神話的である」あるいは「神話めいている」と言うことができよう。事実、クレオパトラが女神の装束を着けてイシスやアフロディテを擬えていた盛大な儀式では、政治と神学が密接かつ巧妙に関連していたと思われる。王権の行為や女王個人の経歴を神々の神話上の行為と関連づけることが重要であった。クレオパトラは「新しいディオニュソス」のアントニウスに逢うために航海し、「新しいアフロディテ」として、神話の世界における神々の結婚という伝承を現実のものにした。しかし、ギリシア人にとっては、タルソスの情景はまさに革新であり、神話の修正、いやディオニュソスとアフロディテの結婚という新しい神話の創造であった。ディオニュソスをオシリス、アフロディテをイシスと混同していたエジプト人だけが、なんとか、神話が繰り返されたと考えることができた。そういうわけで、クレオパトラは、政治目的のため、自由自在に神話を活用したのである。

　神々を模倣することと、女王を女神と完全に同一視することとの境界は微妙である。事実、クレオパトラはイシスやアフロディテを真似るだけでは満足せず、地上で両女神を具現していると主張した。

女王が自分自身とみずからの王権についてつくりあげた概念の変遷をたどることができる。紀元前五一年、クレオパトラは若い弟と結婚し、「父を愛する女神」(テア・フィロパトル)であった。ギリシア語のパピルス文書では、「父を愛する」(フィロパトル)に添名「祖国を愛する」(フィロパトリス)が加えられている(W・M・ブラシャー、二三七六番)。紀元前四七年、クレオパトラは前述したキプロスの青銅貨(図2)に、アフロディテ姿で出現する。プルタルコスによると、紀元前三四年以降、公衆のまえに姿を現わすときは、つねにイシスの服装をしていたとのことである。同年、「新しいイシス」(ネア・イシス)、さらには添名「生まれ変わった女神」(テア・ネオテラ)——アンティオケイアで鋳造されたコイン(図4)にしか登場しない添名——を名乗った。「ネオテラ」は「ネア」と同義語ではない。それはギリシア語で「新しい」を意味する形容詞〔ネオス、「ネア」はその女性形〕の女性比較級である。この語形は革新、すなわち予期していなかった異常な事実を含意している。「ネオテラ」は、生きいきとした、かつ女神に似た女神」と訳すことができよう。しかし、タルソスで行なわれたように、クレオパトラは「生まれ変わった新しい女性の姿をして、この世に転生した古《いにしえ》の女神に適用される。「テア・ネオテラ」は「生まれ変えらせたのは、古来の神話であった。形容詞「ネオテラ」は、同様に女王が神話や神学を政治的に自由に利用するのに適した言葉であった。ギリシア語の表現「ネオテロン・ティ・ポイエイン」(ラテン語の「レス・ノウァス・モリリ」に相当)は、「革新を準備すること」を意味した。したがって、添名「テア・ネオテラ」の選択は、女神=女王の行動によって可能となった世界革新のイデオロギーを示していた。

しかし、女王は神々を体現していただけではない。彼女は恩恵をもたらす自然力とも同一視された。彼女は豊穣の角というシンボルを自分のものとすることによって、自分が運命の女神《テュケ》(ラテン語では

追加図版Ⅲ《ファルネーゼの皿》

フォルトゥナ）を象徴していると主張した。したがって、豊穣と帝国の繁栄を確固としたものにする自然の力を保証することになった。ナポリの考古学博物館に収蔵されている《ファルネーゼの皿》〔追加図版Ⅲ〕――クレオパトラ三世の摂政期のものとされる、王を宣伝する大型のカメオ（E・ラ・ロッカ『クレオパトラの黄金時代、ファルネーゼの皿の調査』、ローマ、一九八四年によって誤ってクレオパトラ七世の時代のものとされた作品）――は、プトレマイオス朝末期のこの広大無辺なイデオロギーを形象化したものである。この皿には、毎年ナイル川に洪水をもたらすと考えられていた夏の北風《エテシアイ》や、洪水や収穫の季節を人格化した寓意像が認められる。クレオパトラ三世はイシス＝デメテルの姿で、亡き王プトレマイオス八世エウエルゲテスを表わすスフィンクスの上に足を伸ばして横たわった姿で表現されている。若い王子プトレマイオス九世（またはプトレマイオス十世アレクサンドロス）はデメテルの子トリプトレモスの姿で、擬人化されたナイル川のまえで鋤《すき》に寄りかかっている。

この皿は完全に公的な芸術の所産であり、君主の善行《エウエルゲシア》のおかげで、完全に自然の力と調和したエジプト王国が持つ牧歌的イメージを表象している。

Ⅶ　君主礼拝

君主を神と同一視した結果、紀元前三世紀の前半から君主礼拝が行なわれていた。いくつかの段階を指摘することができる。

プトレマイオス一世ソテルは、アレクサンドロス大帝を祀る国家祭祀を創設した。彼自身も、紀元前二八三年の逝去後に、妻ベレニケ一世とともに神格化され、この新しい神々は「救済神たち」（テオイ・ソテレス）と呼ばれることになった。紀元前二七〇年、プトレマイオス二世とアルシノエ二世は、生前に「姉弟神たち」（テオイ・アデルフォイ）として神格化される。彼らの祭祀はアレクサンドロスの祭祀と融合され、その名祖神官――年号を表示するため公式文書に記載される神官名――の肩書きは「アレクサンドロスと姉弟神たちの神官」であった。この神格化の数カ月あと、女王は他界する。紀元前二四六年、今度は善行神たち（テオイ・エウエルゲタイ）であるプトレマイオス三世とベレニケ二世がアレクサンドロスおよび姉弟神たちと融合される。紀元前二二一年、愛父神たち（テオイ・フィロパトレス）たるプトレマイオス四世とアルシノエ三世は独自の祭祀をはじめ、王家の神官の肩書きに「救済神たち」を加える。その結果、王家の神官の公式名称は「アレクサンドロス、救済神たち、姉弟神たち、善行神たち、愛父神たちの神官」となった。ギリシア語や民衆文字のエジプト語で書かれた紀元前二世紀の資料では、このような肩書きのリストが長々と続く。しかしながら、紀元前一世紀初頭になると、アレクサンドロスの神官職も、プトレマイオス王たちの神官職も、もはや言及されることはない。実のところ、君主みずからが神官になれなかったのではない。伝存する資料によると、プトレマイオス九世ソテルとプトレマイオス十世アレクサンドロスは、君主礼拝の神官に就任していたからである。

　かかる祭祀はどのように執りおこなわれたのだろうか。

　アレクサンドリア、プトレマイス、ナウクラティスといったギリシア的都市では、祭儀はヘレニズム方式で行なわれた。神格化された君主に対しては、献酒や牡牛百頭《ヘカトンベ》の犠牲が捧げられる。紀元前三世紀の詩人テオクリトスは「プトレマイオス王讃歌」（『牧歌』一七）でそれを報告している。問題にされているのは、アレクサンドリアの聖所に建てられていたと思われる救済神たちの黄金と象牙の像である。これらの像のまえには、オリンピアの偉大な神々に対すると同じように、肥えた牛の腿《もも》を焼く祭壇が設けられていた。プトレマイオス三世エウエルゲテスと同時代の詩人カッリマコスは、「香水で濡れた」（『風刺詩』五一）女王ベレニケ二世の彫像を謳う。したがって、君主の像には香油が塗られていたのかもしれない。このようなヘレニズム方式の祭祀は、ギリシア的都市では、ギリシア＝マケドニア系有力家族出身の神官によって執りおこなわれていた。

　おもにエジプト人が住んでいた地域で君主礼拝を司っていたのは、強力な神官階級を構成していた原住民の神官である。君主礼拝はエジプト流に地元の聖所に統合された。

　紀元前二三七年にカノポスに集まったエジプト人神官の宗教会議において投票で決議された「カノポスの布告」は、善行神たち（プトレマイオス三世とベレニケ二世）のために行なう祭祀の規則を定めた（OGIS五六）。石碑はヒエログリフ、民衆文字、ギリシア文字で書かれている。以下がその抜粋である。「願わくば、神官たちが、プトレマイオス王とベレニケ女王（善行神たち）、彼らの親たる姉弟神たち、祖父母たる救済神たちに対し、従来から神殿で行なわれてきた儀式を増やし、地方の各神殿の神官が善行神たちの神官とも呼ばれ、かつすべての公文書に記され、さらに嵌《は》めている指輪に善行神たちの神官と刻まれんことを。各神殿の神官団を構成する現在の四部族《フユレ》に加えて、別の一部族を指定し、それに善行神たちの五番目の部族という名称が与えられんことを」

善行神たちに対する祭祀には例祭が定められていた。月例祭もあれば、年祭もあり、毎月五日、九日と二十五日、およびパウニ月の一日から五日間執りおこなわれた。「さきに提案された布告に基づき、毎月五日、九日と二十五日に善行神たちに対する祝祭が実施され、毎年他の偉大なる神に対して祝祭や盛大な大祭《パネギュリス》が催されるのに鑑み、善行神たちたるプトレマイオス王とベレニケ女王に対し、聖典で新年と考えられているイシスの星が昇る日——九年目（プトレマイオス三世治世の九年目、前二三七年）では、小ブバスティア祭と大ブバスティア祭が行なわれ、かつ果物の収穫とナイル川の増水の時期に当たるパウニ月の初日——に、神殿と全土で盛大な大祭が行なわれますように」。例年の大祭は、五日間、「王冠を担ぐ人たち《ステファネフォリア》の行進、犠牲、献酒その他の適切な儀式を行なって」祝われることになっていた。

カイロ博物館に収蔵されているピトムの石碑は、紀元前二一六年のメンフィスの宗教会議で定められたプトレマイオス四世とアルシノエ三世〔愛父神たち〕の祭祀に関する布告を記したものであり、三つの文字（ヒエログリフ、民衆文字、ギリシア文字）で刻まれている（『ギリシア語碑文補遺（SEG）』第八巻、四六七）。聖所では君主の彫像がエジプト様式に基づいて作られ、偉大なる神々の側に安置されることによって、君主はこれらの神々と「神像安置室《ナオス》をともにする神」（シュンナオイ）となった。君主はホルス（イシスとオシリスの子）の姿で表現されるが、アルシノエは「エジプト様式で表現され」、ファラオ時代の女神の姿に表現されていた。ピトムの石碑は、カノポスの布告同様、神格化された君主のために、王冠を担ぐ人たち《ステファネフォリア》の行進を含む五日間の祝祭を予定している。「パコン月[1]一〇日目（紀元前二一七年のラフィアの戦い〔一九頁注参照〕で勝利した日）から五日間、エジプトの神殿で、イシス女神に慈しまれ、いまだ存命中のプトレマイオス王に対して祝祭と行列を行ない、その際、冠を被った人たちの行進を催し、供犠、献酒その他恒例となっている儀式を行なうべきこと」。同様にこの布告が教えてくれるのは、ファラオ時代のエジプトの偉大な神々にならって、小さな木造の聖所に安置された君主の彫像が聖所から取り出され、神官たちが聖なる舟に乗せて行列で運んだことである。「これらの日には、愛父神たちの小さな聖所が運ばれ、神殿では君主に対し花束が供えられるべきこと」

（1）エジプト暦の九番目の月〔訳注〕。

こんにち大英博物館にある有名なロゼッタ・ストーン（OGIS九〇）は、紀元前一九六年に開催されたメンフィスの宗教会議の布告を書き写したものである。プトレマイオス五世エピファネスに対して祭礼が行なわれる。しかし、テクストがこの王よりまえのすべての王も挙げていることに注目すべきである。「願わくば、国のすべての神殿にいる神官たちが、プタハ神に慈しまれ、永遠の命を有するエピファネス・エウカリストス（顕在・厚情神）たるプトレマイオスに対し、同じく、彼の両親テオイ・フィロパトレス（愛父神たち）、彼の祖先テオイ・エウエルゲテス（善行神たち）、テオイ・アデルフォイ（姉弟神たち）およびテオイ・ソテレス（救済神たち）に対しても、あらゆる祭儀を増やされんことを。永遠の命を持つエピファネス・エウカリストスたるプトレマイオスの彫像を、各神殿の最も人目につきやすい所に建て、それに『エジプトを防衛したプトレマイオス』と銘が刻まれ、そのそばに聖所の主神が安置され、この主神がエジプトの風習に基き、用意された勝利の武器をこの王に与えられんことを。そして神官たちはこれらの彫像に対して一日三回勤行を行なわれんことを」

勤行は、エジプトの偉大な神々に対するのと同じように、神官によって聖所内で行なわれていた。「神に対して勤行を行う者」は、とくに一日三回、供物奉献室で神に対し供物を捧げる。神官のなかには、着付け担当《ストリスト》と呼ばれる高位聖職者がいて、偶像に対して衣装の着せ替えをしていた。

王夫婦に対する祭祀と女王個人に対する祭祀は区別する必要がある。こんにちカイロ博物館に収蔵されている、メンデス出土のヒエログリフの石碑（カイロ博物館目録番号（CG）二二一八一）は、プトレマイオス二世が、亡くなったばかりの、姉にして妻であるアルシノエ二世フィラデルフォスのために祭祀を開始したことを記録している（H・デメルナエレとP・マッケイ『メンデスⅡ』、ウォーミンスター、一九七六年、一二一番）。「陛下はすべての神殿に女王の彫像を建てよと布告した。これは神官たちを喜ばせた。神官たちはこの女王の信仰心と民衆全体に対する善行《エウエルゲシア》を認めていたからである。女王は『牡羊に愛される女神、テオス・フィラデルフォス（愛弟女神）、アルシノエ』と宣言された」。したがって、アルシノエ・フィラデルフォスは、メンデスで崇められている牡羊と「神像安置室《ナオス》をともにする神」となった。このほかにも、神格化された女王をエジプトの地方の万神殿に入れた例を挙げることができる。たとえば、ヒエログリフと民衆文字の資料によると、紀元前一世紀初頭まで、メンフィスではアルシノエ二世がプタハ神とともに崇拝されていた（J・クアェゲベール「メンフィスにおけるアルシノエ・フィラデルフォスの祭祀に関する資料」『近東研究誌』三〇、一九七一年、二三九〜二七〇頁）。籠を担ぐ女神官《カネフォロス》と呼ばれる特別の女神官がテオス・フィラデルフォス（愛弟女神）の祭祀の責任者となった。この女神官はアレクサンドロスの神官と同じように、公文書の頭書の部分に言及される。ついでベレニケ二世の祭祀を担当したのは賞品を担ぐ女神官《アトロフォロス》である。紀元前一九九／一九八年以降になると、アルシノエ三世に女神官が一人いたことが資料から窺がえる。クレオパトラ三世には、女性の神官が四人いた。王冠を担ぐ女神官《ステファノフォロス》、火を運ぶ女神官《ピロフォロス》、女神官《ヒエラ》と松明を持つ女神官《フォスフォロス》である。また、聖なる子馬《ヒエロス・ポロス》[1]という神官に言及している資料もある。

（1）クレオパトラ三世はイシス女神と同一視され、神格化された。馬はイシス女神のシンボルの一つであったので、クレオパトラ三世の神官に対し「聖なる子馬」という名称がつけられたと思われる〔訳注〕。

残念なことに、紀元前一世紀の君主礼拝に関しては、資料が不足している。大英博物館のプセンプタイスの石碑（E・A・E・レイモンド『メンフィス出土の王侯家族の記録から』、ヴィスバーデン、一九八一年、一三六頁）が示すところによると、プトレマイオス十二世アウレテスの戴冠の労をとったメンフィスのプタハ神の大神官は、君主礼拝の神官という肩書きも持っていた。クレオパトラの父曰く、「余は、余の祭祀を担当するプセンプタイスをプタハ神の大神官に任命した。そしてこの神官に上エジプト[1]と下エジプトの聖所の収入を与えた」

（1）上エジプトはメンフィスからアスワンに至る上流の河谷地帯を指し、下エジプトはメンフィスより下流のデルタ地帯を指す〔訳注〕。

プトレマイオス十二世アウレテスは、上エジプトのコム・オンボにあるソベック神とハロエリス神の神殿の門に刻まれた碑文に、テオイ・フィラデルフォイ（愛姉弟神たち）まで遡る祖先のリストを掲げた（E・ヴィンター参照）。同じくコム・オンボでは、クレオパトラの父の時代、君主礼拝の儀式のとき、プトレマイオス朝の祖先の彫像が行列で運ばれたことが知られている。おそらくテオイ・フィロパトレス・フィラデルフォイ（愛父・愛兄弟神たち、すなわちプトレマイオス十二世とクレオパトラ六世トリュファイナ）の彫像の場合も同じであったのだろう。

VIII　クレオパトラとエジプトの神殿

とくに嘆かわしいことに、クレオパトラ七世の祭祀に関しては情報が不足している。そのなかにあって最も重要な記念物は、メンフィスのプタハ神の大神官ペトゥバスティス＝イムテス（プトレマイオス十二世アウレテスの戴冠の労をとったプセンプタイスの子）の墓碑である。紀元前四一年にプセンプタイスが故人となったとき、ペトゥバスティス＝イムテスはわずか五歳であった。紀元前三九年、クレオパトラは彼をプタハ神の大神官に任命する。彼は紀元前三〇年に夭折するまでの九年間、父同様、王の祭祀を司る神官を務めた（J・クァエゲベール「プトレマイオス時代におけるメンフィス神官のプロソポグラフィーに関する試論」『古代社会雑誌（Ancien Society）』三、一九七二年、一〇一頁）。

女王はコプトスの神託所の浅浮彫りに描かれている。またコム・オンボやデンデラのハトホル神殿の内壁でも女王の像が確認されている。彼女の名前は王名枠（カルトゥーシュ）のなかにヒエログリフで刻まれている。テア・フィロパトル（愛父女神）という添名が付けられていることが多い。

女王の姿は、横顔で肩を正面に向けた姿に描くエジプトの規範《カノン》に従っている。この表現はヘレニズム的な感覚では肖像と言うことはできない。個性がまったく刻出されていないからである。事実、エジプト的な意味の君主制では、体制そのもののために、君主の個性は否定されていた（M＝A・ボネームとA・フォルゴ『ファラオ、権力の秘密』、パリ、一九八七年）。かくしてクレオパトラはエジプト風に表現され、従前の女王たちの列に溶け込んでいる。王名枠があってはじめて、彼女を他の女王と区別することができる。

図6　クレオパトラ、イシス＝ハトホル女神

デンデラにある有名な浅浮彫り（図6）では、クレオパトラはイシス＝ハトホル女神(1)と同一視され、編みあげた重い鬘を被り、羽を広げた禿鷹《はげたか》――女王の保護女神ネクベト――の形をした被り物をつけている。頭のうえには、ウラエウス（コブラ）の冠、ハトホルの角、太陽の円盤と小さな王冠が載っており、ヒエログリフがこのイシスの名を記している。

（1）ハトホルはエジプトの豊穣と愛の女神。イシス神とともに豊穣の女神であると同時に、愛と母性の女神であるので、この二柱の女神は同一視されることが多い〔訳注〕。

デンデラの神殿の南外壁では、クレオパトラがファラオ姿の子プトレマイオス十五世カエサルのうしろに刻まれている。二人は聖所の神々に対し供物を捧げている。女王は毛を編みあげた鬘をつけており、禿鷹は飾られていないが、ウラエウスが飾られた王冠を被っており、ウラエウスは額のうえで女王を守護している。さらに、神々の長い二枚の羽がコブラの王冠、ハトホルの角、太陽の円盤に付け加えられているが、イシスの名を記したヒエログリフはない。したがって、女王をファラオ風に浅浮彫りで表現した図像には、ある程度の多様性が認められる。女王はヘルモンティスの生誕神殿《マンミシ》の内壁にも描かれており、そこではカエサリオンという神の誕生も祝賀されている（C・R・レプシウス『エジプトとエチオピア出土の記念物』第四巻、ベルリン、一八四九〜一八五九年）。

最後に、ある宗教団体の本部《トポス》の、ギリシア語の奉献文が刻まれたルーブル美術館所蔵の石碑（E・二七・一一三）では、クレオパトラは上エジプトと下エジプトを象徴する二重王冠《プスケント》〔巻末用語解説参照〕を被り、腰巻を着けたファラオ姿で表現されている。この場合、否定されているのは、女王の個性だけではない。女性であることさえ否定されている。この石碑は紀元前五一年のものとされているが、実際には、おそらく女王の即位以前に刻まれたものであろう。

きわめて不足しているのが、とくにクレオパトラの祭祀に関するテクストである。女王に捧げる頌詞について簡潔に記した民衆文字のテクストが遺っているだけである。このテクストは王国の守護女神であるクレオパトラを賛美し、彼女の善行《エウエルゲシア》と勝利をたたえていた（E・A・Eレイモンド、ウィーンのパピルス文書のライナー・コレクションにあるギリシア＝ローマ時代の民衆文字の文学作品『ライナー大公パピルス文書』、ウィーン、一九八三年、四六番参照）。

Ⅸ　クレオパトラ死後の民衆礼拝

公式の祭祀と女王に対する民衆の礼拝とは区別しなければならない。アントニウスとクレオパトラの顔立ちを素朴に表現した象牙の札は、このような愛着を示しているようだ〔Fr・アントノヴィッチ・コレクション、C・G・シュエンツェル『アレクサンドロスとプトレマイオス王たちの図像』、パリ、一九九八年参照〕。この札は死後に奉納されたものかもしれない。紀元三七三年に神官ペテセヌフがフィラエのイシス神殿に民衆文字で刻んだ落書きと同じである〔F・Ll・グリフィス『民衆文字でかかれたドデカスケヌス地方の落書き目録』第二巻、オックスフォード、一九三七年、一〇四〕。このテクストの筆者は、「私はクレオパトラの彫像に黄金を張った」と述べている。このように、おそらく女王の死後四世紀が経っても、フィラエの神殿にはイシス姿で表現された金箔張りの木製の彫像が建っていたのだろう。この落書きは、オクタウィアヌスがエジプトに建てられていたクレオパトラの彫像を一つも引き倒さなかった、というプルタルコスの証言〔八〇頁参照〕を裏づけている。

さらに、いくつかの資料によって、ローマ時代を通して、アレクサンドリアで女王に対する礼拝が続いていたことが証明されている〔A・D・ノック参照〕。おそらく死後の礼拝は女王の墓廟で行なわれていたのであろう。

三世紀、パルミラの女王ゼノビアはみずからをクレオパトラに擬《なぞら》えた〔G・M・バウアーソック「メムノンの奇跡」『アメリカ・パピルス古文書学者協会会報』二一、三一頁〕。『ローマ皇帝群像《ヒストリア・アウグスタ》』〔『三〇人の僭帝』二七、一〕によれば、ゼノビアはエジプト女王が使った盃を収集していた。もっとも、ゼノビアはアレクサンドリアを治めたことがあった。最後に触れておくと、偉大な女王クレオパトラの伝説はコプトのエジプトまで広がった。七世紀の司教ジャン・デ・ニキウは、クレオパトラに優る女性はいないと主張した〔M・グラント、第十五章参照〕。

第七章　クレオパトラのエジプト

I　クレオパトラのアレクサンドリア

アレクサンドロスによる創建後、三世紀が経過すると、プトレマイオス朝エジプトの首都はかなり拡大していた。幸いにも、この都市の繁栄を示す古代の地誌が二つ遺されている。一つは、紀元前五九年にプトレマイオス十二世アウレテス治世下にアレクサンドリアを訪問した歴史家シチリアのディオドロスの記述であり、もう一つは、ローマによる統治の初期、紀元前二五年から二四年にかけてエジプトを訪問した地理学者ストラボンの著作である。ディオドロスのテクストは、ストラボンが遺した地誌ほど内容が豊富でなく、長くもないが、創建から紀元前五九年までのこの都市の発展を教えてくれるという長所がある。

ディオドロスは次のように述べている。「アレクサンドロスはエジプトに大都市を創建することを決定し、現地に残した部下に、湖（マレオティス湖）と海のあいだに建設するよう命じた。土地を測量し、街区に分けると、大王はみずからにちなんで、この都市をアレクサンドリアと命名した。都市はファロス港に近く、格好の位置を占めており、アレクサンドロスは、巧みに街路を引くことによって、北風《エテシアイ》（夏期に北西から吹き、ナイル川の増水をもたらすと考えられていた風）が都市を吹き抜けるようにした。この風は広大な海を通ってくるので都市の風を冷涼にする。そのため住民に温暖な気候と健康をもたらした。きわめて堅固で途方もなく大規模な市壁も構築した。都市は湖と海のあいだにあり、陸に通じる地点は、狭くて、きわめて防衛しやすい二地点だけである。都市のプランはクラミュス（マケドニア兵のマント）と似ていて、大通り（カノポス通り）はこの都市のほぼ中央を横切っており、規模の点でも美観の点でも素晴らしい。というのは、全長が一つの市門から他の市門まで四〇スタディオン（約七キロメートル）、幅員が一プレトロン（三〇メートル）あり、その全域に大きな建物や神殿など豪華な建造物が配置されているからである。アレクサンドロスは、規模や堅固さの面で優れた王宮を建設することも命じた。アレクサンドロスだけでなく、彼の死後、現在（紀元前五九年）にいたるまで、エジプト王のほぼ全員が豪華な増築を施し、この王宮を拡張した。要するに、以後、アレクサンドリアはこのように拡大したので、世界で最大の都市と考える人が多い。確かに、美観、規模、富、奢侈の点で、この都市は他の都市よりはるかに優っている」（『歴史叢書』一七、五二、一－五）

そうだとすれば、クレオパトラの時代にアレクサンドリアを訪問したディオドロスが見た「豪華な建造物」とは何だったのだろうか。明確にしておきたいのは、筆者の意図が、アレクサンドリアの記念建造物を網羅的に描写することではなくて――この点についてはP＝H・フレイザーとA・ベルナンの著作が有益である――、クレオパトラの記念建造物と統治との関係を示すことにあることである。

都市の象徴は、かの有名な灯台であった。これは建築家デクシファネスの子、クニドスのソストラトスの作品であり、古代世界における傑作の一つと考えられている。プトレマイオス一世ソテル治世下に着工され、プトレマイオス二世の時代になってようやく落成した。石灰石造りのこの建造物は大理石や青銅の資材で飾られ、一二〇メートルの高さから都市を見おろしていた。天辺で燃える灯火はアレクサンドリア沖一〇〇マイルから見えた。アンミアヌス・マルケッリヌス（四世紀）は、誤って、クレオパトラが灯台を築いたと述べている。しかし、この後代の歴史家が間違えたのは、女王が修復工事を命じたことが原因かもしれない。

J＝Y・アンプルール率いるアレクサンドリア研究センターが現在海底探査を続けており、灯台の遺跡やその周辺を飾っていたエジプトの記念建造物が発見されている。

アレクサンドロスの霊廟《セマ》は、都市中央にあるギリシア人地区のネアポリスに建っていたはずである。残念なことに、この建造物について述べた古代の証言はまったく遺っていない。スエトニウスによると、オクタウィアヌスはここを訪れ、この偉大な征服者に敬意を表した。「オクタウィアヌスはアレクサンドロスの柩と遺体を霊廟から出させ、それを眺めて、黄金の冠を置き、花を撒いて敬意を表した」（『アウグストゥス伝』一八）。ストラボンによれば（『地理書』一七、一、八）、創建者の遺体は、紀元前八八年以降、金の柩に代えて、ガラスかクリスタルの柩に安置されていた。プトレマイオス十世アレクサンドロスが金の柩を持ち去り、鋳つぶしたからである。フラウィウス・ヨセフス（『アピオンへの反論』二、五八）は、クレオパトラが霊廟の財宝の大半を掠め取り、財政の補填にあてたのだろうとしている。この歴史家は女王を嫌っていたので、この主張が事実であるかどうかは疑わしい。

プトレマイオス王たちの墓はアレクサンドロスの霊廟《セマ》の近くにあったはずである。オクタウィアヌスは、アレクサンドロスの遺骸に敬意を表したとき、それらの墓を訪れようとはしなかった。「プトレマイオス王たちの墓も見たいか、と訊ねられたとき、『私が見たいのは王であり、死者ではない』と彼は答えた」（スエトニウス『アウグストゥス伝』、一八）

プルタルコスが簡単に触れたクレオパトラの霊廟は、宮殿からさほど遠くないところにあった。「彼女（クレオパトラ）がイシス神殿の近くに建造したきわめて美しくて高い墓と記念建造物」（『アントニウス伝』七四）と記されているからである。オクタウィアヌスはそこに女王とアントニウスの遺骸を安置させた。クレオパトラの霊廟がいつ、どのような状況で消滅したのかについては、アレクサンドロスの霊廟やプトレマイオス王たちの墓以上のことはわからない。

アレクサンドリアには数多くの神殿が建っていた。イシスを祀る神殿もいくつかあり、ファロス島には、イシス・ファリア（灯台の守護女神）を祀る聖所があった。クレオパトラはイシス神殿の近くに自分の墓を造らせたが、その神殿はおそらく王宮地区北方のロキアス岬に建っていた。しかしながら、最大の宗教センターがセラピス神殿《セラペイオン》であったことに異論はない。この神殿は、アレクサンドリア南西部のラコティス地区にあるアクロポリスの頂上から都市を俯瞰していた。ヘレニズムの神殿では最大の建造物の一つである。G・ボッティ、Th・シュライバー、E・ブレッチア、A・ロウが行なった発掘によって、その基礎部分や奉献の碑文がいくつか発見されている。セラピス神殿の東で、ハルポクラテス神[1]の聖所も発見された。

（1）イシス女神の子ホルスの幼児期のみを神格化した神。聖母マリアが幼児のキリストを抱くイメージの形成につながったとされる〔訳注〕。

クレオパトラは、大港の近くに、ユリウス・カエサル、さらにはアントニウスをも祀る予定のカイサレイオンを建設させた。ローマが支配するようになると、カイサレイオンはセバステイオンとなり、アウグストゥスに奉献される（セバストスはアウグストゥスのギリシア語訳）。その付近に二本のオベリスクが建っていた。十九世紀末、その一本がロンドン、他の一本がニューヨークに運ばれ、「クレオパトラの針」という間違った名前で知られている。「クレオパトラの針」はファラオのトトメス三世（前一五〇

四〜一四五〇年）時代のオベリスクであるからだ。(1)

（1）前一三年、アウグストゥスがヘリオポリスからカイサレイオンの前に移設した〔訳注〕。

ユリウス・カエサルは「アレクサンドリア戦争」中に王宮を城砦に改造した。王宮は都市の北東部を占めており、劇場近くにあった。広大な建物群を構成していて、クレオパトラの王宮が一つならず複数存在した。それだけではない、庭園、女王専用の港、親衛隊の兵舎もあった。

かの有名なアレクサンドリア図書館がネアポリスにあったことは間違いない。だが、それが「アレクサンドリア戦争」のとき、大港の火事の延焼によって破壊されたのかどうかは定かではない。焼失が確実であるとするのは、プルタルコス、ディオン・カッシオス、アウルス・ゲッリウス、アンミアヌス・マルケッリヌスといった比較的のちの著述家だけである。その反対に、『アレクサンドリア戦記』では、まったく問題とされていない。もっとも、これは火災が発生しなかったことを意味しているわけではない。カエサルをたたえることを目的として書かれた書物では、かくも嘆かわしい出来事については沈黙を守るべきだという気持ちは充分理解できるからである。その反対に、もっと驚くべきことに、独裁官カエサルを厳しく攻撃したルカヌスが、『ファルサリア』において、このテーマを利用できたと考えられるのにもかかわらず、言及していないことである。おそらく図書館の一部が被害を受けただけなのだろう。クレオパトラが蔵書の復元、あるいはその増大に努めていたことに注目したい。彼女はアントニウスに対しペルガモン図書館の書物の引渡しを求めていたからである。

図書館に隣接して、学術研究所《ムセイオン》があった。王国の費用で研究者を滞在させることができる研究センターである。クレオパトラと同時代に寄宿していた研究者の名前は知られていない。紀元前四六年にカエサルによってローマへ招聘され、ユリウス暦を完成したアレクサンドリアの天文学者ソシゲネスは、おそらくその一人であろう。事実、アッピアノスが断言しているところによると、カエサルは、エジプト滞在によって「ローマ人にとって日常生活に役立つ多くの技術、とりわけ暦を改正した」〔『内乱記』二、一五四〕。エジプトでは、閏年を導入する改革は、カノポスの布告（紀元前二三七年）が示唆しているように、すでにプトレマイオス三世エウエルゲテスによって試みられていた。

アレクサンドリアの研究者のうち、クレオパトラの同時代人としては、ストア派の哲学者でオクタウィアヌスの友人であったアレイオス（またはアリウス）、アレクサンドリアで学校を開設したクレタ出身の懐疑主義者アイネシデモス、数千の著作を著わしたと言われるきわめて多作な著述家で、カルケンテロス（「青銅の内臓をもった」の意）という渾名を持つ文献学者ディデュモスを挙げることができる。ソフィストのフィロストラトスも加えておこう。彼はプルタルコスの言を信ずるならば、「即興で喋ることにかけては、当代では最も卓越していた」〔『アントニウス伝』八〇〕。アレクサンドリア占領のあと、オクタウィアヌスは彼を排除しようとしたから、彼がクレオパトラとアントニウスの側近であったことは確かであろう。しかし、アレイオスが懇請したため、オクタウィアヌスはこのソフィストを赦免した。

ストラボンによって最も素晴らしい建造物の一つとされた体育場《ギュムナシオン》は、アントニウスと女王が紀元前三四年に催した盛大な式典のとき特別な役割を演じた。また、この体育場において、オクタウィアヌスはアレクサンドリア住民を赦免すると演説した。クレオパトラとその子供たちによる大帝国の創建（結局実現しなかった）が行なわれたわずか四年後のことであった。体育場は規模の大きな建造物であり、きわめて多くの民衆を収容できる、スポーツと文芸両面の、ギリシア教育のセンターでもあった。その長は体育場長《ギュムナシアルコス》である。

この都市の人口は何人であったのか。

シチリアのディオドロスの記録によると、「我々がエジプトに上陸したとき、住民登録の担当者は、自由民が三〇万人以上にのぼると語った」〔『歴史叢書』一七、五二、六〕。一見正確と思われるが、この歴史家が提出した数値は、我々にとってそれほど役立つものではない。「自由民」とは何か。おそらくアレクサンドリア「市民」のことであろう。独自の法《ポリテウマ》で律せられていたユダヤ人にも、同じ疑問が発せられるし、エジプト人、奴隷でないすべての住民に対しても同様である。

まったく確信はないが、クレオパトラ時代のアレクサンドリアの住民は五〇万人から一〇〇万人であったと推定しておこう。

Ⅱ　国の行政

本節の目的とするところは、プトレマイオス王朝末期のエジプトにおける行政全般を研究することでもなければ〔この点はL・リケット参照〕、この時代のエジプトの日常生活を描写することでもない〔この点はM・ショヴォ参照〕。ここでは、クレオパトラの統治と直接関係がある事実と人物を明らかにするのにとどめておこう。

最初に、王が王国のすべての土地を所有していたことを想起願いたい。領土は王領地《ゲ・バシリケ》と呼ばれていた。一部は払いさげられて下賜地《ゲ・エン・アフエセイ》〔原義・手放された土地〕となる。とくに高級官僚に対する贈与地《ゲ・エン・ドレア》、正規軍兵士に対する軍人保有地《ゲ・クレルキケ》、さらにエジプトの神殿に対する神殿保有地《ゲ・ヒエラ》があった。しかし、いずれの土地も、財政収入を最大にするため、つねに王が耕作の管理をしていた。収入の最大化こそ、プトレマイオス朝の行政の最終的な目標であり、この王朝は遍在する官僚制度、すなわち一部分計画化された経済的搾取に支えられていたのである。

経済と財政の責任者は財務長官《ディオイケテス》であった。クレオパトラの治世下でこの職を担当したのは、おそらく、紀元前四一年の布告に登場するテオンであろう（『オロ記念論文集』、一九一三年、一〇三頁）。

国土は県《ノモス》に分割されており、資料によって異なるが、三五〜四七の県が存在した。各県で行政にあたるのが県長官《ストラテゴス》(1)であり、民政・軍事の権限を一手に握っていた。クレオパトラの時代、上エジプトの県長官の何人かはエジプト人であり、ファラオ時代の県《ノモス》の県長官《ノマルケス》のように、父から子へ継承された。メディネ＝ハブの落書き（前四八年）から、モンコレスという人物の名前が知られているし、カイロの石碑（前三二年）からは、パノポリテス県〔プトレマイス周辺〕の県長官《ストラテゴス》ハレメフィスの名前が知られている。

(1) 本来、ストラテゴスは各県の軍事司令官であったが、しだいに民政も担当し、県長官などの文官職に優越する地位を占め、県長官の職務を吸収して、県長官と一体化した。紀元前二世紀末までには軍務をしなくなり、純然たる県長官となった〔訳注〕。

県長官の上司としては二人の地方長官《エピストラテゴス》がいた。「地方《コラ》の地方長官《エピストラテゴス》」は筆頭の地位を占め、アレクサンドリアに居住し、内務大臣の役割も演じていた。次位の地方長官は「テーベの地方長官《エピストラテゴス》」で、上エジプトの責任者であった。

ある石碑（OGIS一九〇）には、アウレテス治世下に「テーベの地方長官」であったカッリマコスという人物の名が遺されている。彼はクレオパトラ治世の初期、宮廷の要職の一つ王室文書書記官《エピストログラポス》に昇進した。

彼の子もカッリマコスといい、パトュリテス県のテーベ郡《トポス》の郡長官《エピステテス》の職に就いていた。これはトリノの石碑（OGIS一九四）に記されている。この資料から、クレオパトラ統治下における上エジプトの生活の諸相を垣間見ることができる。紀元前四四年から四三年にかけて、疫病のペストが流行、カッリマコスは全力を挙げてこの災難に対処した。そのため彼は治めていたテーベ住民から顕彰されたのである。

Ⅲ　クレオパトラの軍隊

プトレマイオス朝の軍隊は、騎兵隊長《ヒッパルコス》率いる騎兵隊《ヒッパルキア》と歩兵千人隊長《ヘゲモン》率いる歩兵千人隊《キリアルキア》で構成されていた。紀元前三世紀、これらの兵士は、とくにギリシア人、マケドニア人、ユダヤ人、若干のペルシア人からなり、それにガリア人とイッリュリア人の傭兵が加えられていた。エジプト人が何ら差別を受けずに兵役に編入されるようになったのは、紀元前三世紀末のことである。紀元前二一七年のラフィアの戦いでは、エジプト人はギリシア＝マケドニア人の服装で戦った。

クレオパトラの時代、軍隊内では、ギリシア人とエジプト人はほぼ完全に融和していた。若きプトレマイオス十三世の軍最高司令官アキッラスは、名前はギリシア人の名前であるが、原住民の出身であることは間違いない。

プトレマイオス朝の末期、兵員は減少する。「アレクサンドリア戦争」開始当時、アキッラスは二万二〇〇〇人の兵士しか持っていなかった。ポリュビオスによると、プトレマイオス四世がラフィアの戦いで動員した七万人（騎兵七〇〇〇人、歩兵四万八〇〇〇人、そのほか傭兵）には、はるかに及ばなかった。

しかし、新しい事実と言えば、エジプトの地にローマの軍隊が駐屯していたことである。紀元前五五年、ガビニウスの軍団は、アウレテスを復位させるためエジプトに侵攻し〔三〇頁参照〕、ギリシア＝エジプト軍は難なく壊滅された。そのあと「ガビニウスの兵士」は残留し、王に仕えた。彼らはエジプトに定住、兵役の代償として土地を支給され、軍事植民者（クレルコイ、紀元前二世紀からはカトイコイとも呼ばれる）となった。このような制度によって、プトレマイオス朝は年金生活者という特権階級の形成を認めていたのである。彼らはエジプト領に定住していて、王政に忠実であり、献身的な軍隊であった。特権は増大しつづける。当初、王から土地の使用権を認められただけだったのが、紀元前一世紀には、その土地を相続できるようになったからである。

それでも、紀元前五〇年、五〇〇〇人の「ガビニウスの兵士」がポンペイウスの部隊に合流した。その反面、他の兵士はシリア総督ビブルスの招集に応ずるのを拒否し、反乱を起こした。残留した兵士はアキッラスとともにカエサルと戦った。カエサルはエジプトを去るとき、配下の三軍団を残し、この軍団に女王の身辺の安全を確保させた。クレオパトラはこの軍団をドラベッラ〔アントニウス側のシリア総督〕へ派遣したが、部隊はカッシウスへ寝返った。

プトレマイオス朝末期のギリシア＝エジプト人軍は衰退の過程にあり、紀元前三世紀に誇っていた優れた機動力を失ってしまった軍隊というイメージがあった。プトレマイオス十二世アウレテス、ついでクレオパトラは、とくに、みずからの権益を擁護してくれるローマ軍に依存した。したがって、プルタルコスが示唆しているように、当然のことながら、女王は士官のセレウコスに対し、ペルシオンの城砦を抵抗せずにオクタウィアヌスに引き渡すよう命じることができたのである。

それでもまだ強烈な印象を与えていたのは、クレオパトラの艦隊だけであろう。それゆえ、まずグナエウス・ポンペイウス〔大ポンペイウスの子〕がその支援を要請し、二〇隻の艦船を与えられた。その後、カッシウスとドラベッラも支援を求めた。しかしながら、アクティウムの戦いでは、プトレマイオス朝の海軍力は、体育場での式典におけるプトレマイオス大帝国の創建同様、見せかけにすぎなかった。したがって、クレオパトラはギリシア＝エジプト軍を再編成できなかったし、再編しようともしなかった。みずからの目的を達成するには、ローマの軍団しかあてにしていなかったのである。

Ⅳ　女王のギリシア＝エジプトの同時代人

本節では、要約として、文献や碑文資料に出てくるおもな人物（王の側近を除く）を挙げておく〔五十音順に配列〕。

アイネシデモス　懐疑派の哲学者。クレタ生まれ、アレクサンドリアに定住して、学校を開設。

アレイオス（またはアリウス）　ストア派の哲学者。アレクサンドリア生まれで、オクタウィアヌスの親友。彼の尽力により、フィロストラトスは赦免された。

カッリマコス　プトレマイオス十二世アウレテス治下で「テーベの地方長官《エピストラテゴス》」。クレオパトラの治世初期に王室文書書記官《エピストログラポス》へ昇格。

カッリマコス　前者の子。テーベ郡の郡長官《エピスタテス》。

セラピオン　紀元前四四年から四一年のキプロス長官。

セレウコス　ペルシオン要塞の指揮官（前三〇年）。

ソシゲネス　アレクサンドリアの天文学者。紀元前四六年にユリウス暦を考案。

ディデュモス　カルケンテロス（「青銅の内臓をもった」の意）ともいう。文献学者で、数千冊の著作を著わした。

テオン　紀元前四一年（？）の財務長官《ディオイケテス》。

ハレメフィス　エジプト人。前三二年にパノポリテス県の県長官《ストラテゴス》。

フィロストラトス　雄弁家、ソフィスト。紀元前三〇年、オクタウィアヌスが彼を排斥しようとしたことから判断すると、おそらく宮廷の奢侈に係わっていた。アレイオスのとりなしで赦免された。

プセンプタイス　メンフィスのプタハ神の大神官（前九〇～四一年）。紀元前七六年、アレクサンドリアでプトレマイオス十二世アウレテスの戴冠を担当。

ペトゥバスティス＝イムテス　プセンプタイスの子。メンフィスのプタハ神の大神官。

モンコレス　エジプト人。前四八年に上エジプトの県長官《ストラテゴス》。

V　深刻な経済困難

エジプトの経済体制はプトレマイオス朝初期に整備され、紀元前一世紀でもまだ有効に機能していた。シチリアのディオドロスによると、プトレマイオス十二世アウレテスは「エジプトで六〇〇〇タラントを上まわる収入を得ていた」（『歴史叢書』一七、五二、六）。Cl・プレオ（『ヘレニズム世界』第二巻、パリ、一九七八年〈再版〉）によると、この金額は、プトレマイオス朝エジプトの人口六〇〇～七〇〇万人中の約三〇〇万人の労働者が受けとっていた賃金総額の六分の一に相当するらしい。したがって、エジプトを豊かな王国にしていた大金であった。

とはいえ、国王が富裕であり、王宮が豪華であるとしても、農村にはあまり魅力がなかったという現実を覆い隠すことはできないだろう。事実、国内情勢は紀元前三世紀末から悪化しはじめる。王に宛てた苦情や請願――パピルス文書に遺されている――は、一部の役人や軍事植民者《クレルコイ》の権力濫用を告発する。これら軍事植民者は裁判沙汰となり、有罪判決を受けることもあった。だが、王政は、忠誠を確保したかったので、ますます彼らを特権階級に仕立てあげた。

その結果、紀元前二世紀、原住民が経済抑圧に抗議し、国は内戦状態に陥る。反乱を起した農民は象徴的に契約を焼却し、そのあと、土地を耕作せずに逃亡した。武装集団と化し、神殿や村落を攻撃しながら生活していたが、王は警察や軍隊を派遣して鎮圧する。ゲリラはプトレマイオス五世エピファネス治世（前二〇三～一八一年）末期になってようやく収束したが、セレウコス朝からの侵略に伴う国の混乱、それにつづく王家のメンバー同士の絶えざる紛争によって、ゲリラが再燃した。

紀元前二世紀と紀元前一世紀、エジプト通貨の切下げによって、農民の貧困化が進む。エジプトでは、かつて貨幣の流通はまったく例外的であったが、プトレマイオス朝がその流通を促進させた。しかし、紀元前三世紀末の危機によって、制度改革を余儀なくされる。エジプトは銀を産出しなかったので、アレクサンドリア以外では、一般に銀貨に代えて青銅貨が流通した。布告された両金属の等価関係は、銀一ドラクマは青銅六〇ドラクマと等価とされた。そのため、青銅はインフレーションを招き、国内物価を上昇させる。切下げが数回行なわれ、その都度、青銅の価値を若干切りさげた。

プトレマイオス十二世は、紀元前五五年の復位に伴う危機に対処するため、銀の含有率を三分の二に引き下げることにより、ドラクマ銀貨の切下げを決めた（九〇パーセントから三三パーセントへの切下げ）。

クレオパトラは、銀一ドラクマを青銅四八〇ドラクマに安定させることによって、青銅貨流通によるインフレ傾向を食い止めようとした。八〇ドラクマと四〇ドラクマの青銅の新コインが導入され、銀貨との関係で一オボロス（一オボロスは六分の一ドラクマ）と半オボロス（一二分の一ドラクマ）に代替させた。

第八章　クレオパトラの神話

クレオパトラは歴史上の人物であるだけではない。死後、ローマ時代から今日に至るまで、神話的人物の地位も獲得している。この最終章で検討しようとするのは、女王の歴史ではなくて、女王の神話である。

I　クレオパトラの「美」

クレオパトラの神話は、女王のいわゆる美貌によるところが大きい。しかし、女王は本当に美人であったのだろうか。コインに表現されたこの若き女王の肖像（図1）がベルリンの大理石の頭部彫像と一致していて、独特の魅力を示しているとしても、のちのコイン（図4、図5）には、魅惑とは相容れない厳《いか》つさが刻まれている。

プルタルコスの言によると、「彼女の美貌そのものはけっして比類なきものではなく、見る人をはっとさせるほどのものでもないと言われていた。しかし、付き合うと逃れがたい魅力があり、彼女の容姿には、会話の際の説得力や付きあうとき態度に表出する性格とあいまって、刺激的なものがあった。声も甘美であった」〔『アントニウス伝』二七〕。

　したがって、プルタルコスは、まさに魅惑的な女性の肖像、実を言うと、美しいのではなく、美しい以上に非凡な個性によって、なんとも言えないほど官能をかきたてる人物像を描いたのである。このモラリストによると、女王の魅力には彼女が豊かな教養の持ち主であったことが寄与していたようだ。事実、多くの言葉を話したことが紹介されている。「彼女の舌は弦が何本もある楽器のように、話そうとする言葉に切り替えられ、非ギリシア人と通訳を介して会うことはきわめて稀で、エチオピア人、トログロデュタイ人〔アフリカの住民〕、ヘブライ人、アラビア人、シリア人、メディア人、パルティア人のようなほとんどの非ギリシア人に対して自分で返答した。彼女はさらにそのほか多くの言葉を知っていたと言われている。だが、彼女よりまえのエジプトの王たちは充分エジプト語を学ぼうとせず、なかには母国語のマケドニア語を話すことさえ諦めた王もいた」〔前掲書、二七〕。

Ⅱ　宿命的な女性

古代の資料は、例外なく、アントニウスを破滅させたのは女王の魅力であるとする。古代より、クレオパトラは男を誘惑し、堕落させ、破滅へ導く女性の役を演じている。彼女は魔女的なセイレン(1)、古代の「妖婦」として、王宮で当時の有力者を魅了し、破滅させる。

(1)ギリシア神話に登場する半人半魚の海の精。その美声に魅せられた水夫は操舵を誤り、船を難破させた〔訳注〕。

プルタルコスによると、このようにして「彼女はアントニウスを虜にし」、彼は「アレクサンドリアへ……連れて行かれ」〔前掲書、二八〕、そこで女王が提供する悦楽に耽り、時間的感覚も義務感も失った。ディオン・カッシオスによると、「キリキアで会ったクレオパトラに惚れこみ、もはや栄誉も気にしないでエジプト女の奴隷となり、恋のみに時間を費やした。このため、アントニウスは多くの常軌を逸した行為をし」〔『ローマ史』四八、二四、二〕、「ついに完全に身を滅ぼした」〔前掲書、四八、二七、三〕。この歴史家は女王が彼の周辺にいる者も堕落させたとしている。「彼（アントニウス）はクレオパトラの妖術で理性を失ってしまったと思われる。事実、彼女はアントニウスだけでなく、彼の周辺にいた他の有力なローマ人をも魅惑し、強烈な魅力で惹きつけたので、ローマも統治できると考えた」〔前掲書、五〇、五、三〜四〕。このテーマは『名士伝』（デ・ウィリス・イッリュストリブス）の著者（不詳）によって増幅される。「彼女はきわめて美しかったので、多くの男たちが命懸けで彼女と一夜を過ごす寵愛を得た」〔『名士伝』八六、二〕。こうなると、残酷な女王は「男を食い潰す残酷な女」に変わる。

ティティウス・リウィウスの『ローマ市建設以来の歴史』第一三〇巻の要約では、クレオパトラは愛人のアジアでの軍事的挫折について間接的に責任があるとされている。「パルティア戦争を行なって成果を挙げられなかったうえに、自分のミスで悪天候に遭遇した。クレオパトラのもとへ急ぐあまり、アルメニアで越冬しようとしなかったからである」。この歴史家は、同じく第一三一巻（要約）で「彼女に対する恋の虜」となった三人委員アントニウスを描く。

したがって、古代の歴史家たちは、アントニウスを恋情に狂った、無責任で、無能力な人物とするオクタウィアヌスの宣伝の筋書きに沿っている。同時に、この歪められた見解が蠱惑《こわく》する女王という神話の創成に重要な役割を演じたのである。オクタウィアヌスの宣伝は、当時の政治情勢で必要だったので短期間クレオパトラを非難したが、そのあとも末ながく、エロチシズムと死が絡む幻想を提供しつづけることになった。

Ⅲ 「飽くなき欲望を持った女性」

クレオパトラが男好きの女性であるとしても、自分の意志に逆らってそうだったのではない。ディオン・カッシオスは、まったく逆に、彼女を、充分才能を具えた、誘惑を自己目的達成のための武器として利用する、秀れた俳優であるとしている。女王がとくに並はずれた野心家であり、飽くなき欲望の持ち主であったからである。フラウィウス・ヨセフスの語るところを聞こう。「彼女は生まれつき貪欲な性向があり、どんな違法行為もした。君主になる予定の十五歳の弟を毒殺させたたし、エフェソスのアルテミス神殿の嘆願者《ヒケテス》であった妹アルシノエをアントニウスに殺害させた。少しでも金が得られるなら、神殿も墓も冒瀆した。どんな聖所も、その飾りを取り剝がしてはならないほど不可侵であるとは考えられなかったし、どんな世俗の場所も、この悪女の強欲を充分満たせるかぎり、どのような禁じられた扱いも受けた。贅沢で、欲望の奴隷となったこの女性には、充分といえるものは何もなかった」〔『ユダヤ古代誌』一五、八九〜九〇〕

ディオン・カッシオスは、女王の自殺について述べたあと、結論を簡潔に述べた個所で、クレオパトラのおもな特徴は飽くなき欲望を持っていたことだとする。「クレオパトラは、享楽でも、財産でも飽くことを知らなかった。賞賛に値する野心を示すことが多かったが、人をさげすんだような大胆さを示すことも多かった。愛の力によってエジプト女王の地位を得たが、同じ方法でローマ女王の地位を得ようとして失敗し、みずからの王国も失った。同時代の最も有力な二人のローマ人を虜にし、三人目のローマ人によって身を滅ぼした」〔『ローマ史』五一、一五、四〕

最後に、大プリニウスは、この飽くなき欲望を持った女王について、はなはだ疑わしい逸話を遺している。クレオパトラはアントニウスとたった一回の饗宴で一万セステルティウスを蕩尽する賭けをしたのかもしれない。

「彼女は、豪勢である……が、いつもと変わらぬ夕食を出させた。アントニウスが嘲笑して、使った金額を尋ねると、女王は『これは前菜にすぎませんわ、夕食は約束した額になりますわよ。私一人で一万セステルティウス分食べるでしょう』と答えた。そして二の膳を要求した。給仕は、あらかじめ指示されていたとおり、真珠を溶かすことができる強い酸性の酢を入れた器を一つ、彼女のまえに置いた。……アントニウスが何をするのかと尋ねると、彼女は真珠を一つ外して（クレオパトラは当時最も大きいとされていた真珠の耳飾りをつけていた）、酢のなかへ落とし、それが溶けると、その液を飲んだ」〔『博物誌』九、一二〇―一二一〕

Ⅳ　女王とラテン詩人

総じて古代の歴史家はクレオパトラを非難する。最も穏やかなのはディオン・カッシオスで、女王の「賞賛に値する野心」を認めている。しかしながら、フラウィウス・ヨセフスの糾弾はきわめて手厳しい。とはいっても、ヨセフスは、アウグストゥス時代や紀元一世紀のラテン詩人のように、中傷ばかりしていたわけではない。

ホラティウス（前六五年〜前八年）は『詩集』（一、三七）で「みずからの欲望を抑制できず、運命の女神の甘美に酔いしれ、恋の病で汚れた破廉恥な一群の輩とともに、カピトリウムを廃墟と化し、帝国を滅亡させようとした気違いじみた女王」を謳う。「しかし、艦船のうち、かろうじて火災を免れた一隻が彼女の狂乱を和らげ、カエサル（オクタウィアヌス）は、マレア〔アレクサンドリア西方〕のワインで狂った彼女の心を真の恐怖に陥れた。櫂《かい》を漕ぐテンポを速めつつ、ちょうど鷹がひ弱な鳩を、腕利きの猟師がハエモニア（テッサリアの別名）の雪原で兎を追うがごとく、イタリアから逃げる彼女を追跡し、この破滅をもたらす怪物を鎖につなごうとした」

それでも、この詩人は、敗北とか、美しい英雄的な自殺によって示された女王の勇気を褒めたたえることを忘れなかった。「しかし、もっと正々堂々と死のうとして、女々しく剣を恐れることなく、快速の艦隊で未知の海辺へ逃亡もせず、勇気を振り絞って陥落した王宮を平然と眺め、気丈夫にも死を覚悟し、そのうえ勇敢にも身体に猛毒を吸収しようと野生の蛇をいじった。もちろん零落《おちぶ》れていない一女性として、野蛮なリブルニア人(1)に連れ去られ、豪華な凱旋式で引きまわされるのを拒否した」

（1）イッリュリアの海賊。快速の軽船を有し、その一部はアクティウムの戦いにおいてオクタウィアヌス側で戦った〔訳注〕。

ウェルギリウス（前七〇年〜前一九年）は『アエネイス』（八、六八五〜六八八）で伝統的なローマ人のオリエント嫌いを代弁したが、彼にとって「忌まわしい」のは「エジプト女の妻」である。「アントニウスは、蛮族の部隊やさまざまな武器とともに……エジプトを運んでくると、そのあとに従うは、忌まわしいことに、エジプト女の妻」

しかし、プロペルティウス〔前四七年～前一五年〕は、『エレギア』〔三、一一〕で最も辛辣に女王を非難した。「我々の軍隊に恥辱をもたらした女については何と言おう。みずからの奴隷にも身を任せ、淫蕩な夫に寵愛の報酬としてローマの市門を開けさせ、元老院をみずからの支配下に置こうとする女については何と言おう。破滅をもたらすアレクサンドリアよ。欺瞞に満ちた土地よ。我々の不幸によって何度も血塗られたメンフィスよ。そこの砂がポンペイウスの三度の凱旋の栄光を台なしにしたのだ……確かに、女王、近親相姦をするカノポスの売女――フィリッポスの血統に対する恥辱――は、吼えるアヌビス神[1]を我々のユピテルに対抗させ、テヴェレ川にナイル川の脅威に耐えることを強い、シストルム（イシス教で使う楽器）の不快な音でローマのラッパを追い払おうとする」

（1）古代エジプトの死者の神。死者を他界へ導く。ジャッカルの頭を持った姿で表現される〔訳注〕。

王冠を着けた娼婦というテーマは、この種の詩から生まれた。このテーマは『名士伝』にも登場する。「彼女（クレオパトラ）はきわめて品行が悪かったので、しばしば春をひさいだ」〔八六、一〕。ユウェナリス〔五五年頃～一三〇年頃〕は『風刺詩』第一〇番で女性たちを責める。この作品であまり喜ばしくない役目がまわってくるのは、皇后メッサリーナである。

したがって、オクタウィアヌスの宣伝のテーマは、アウグストゥス時代の詩人の作品において最大の反響を呼んだ。もっと一般的に言うと、エジプト生まれの女性クレオパトラに対する非難は、オリエントに対する憎悪に女性蔑視を混ぜたものである。そのうえ、この女王は、彼女自身が体現している、ローマに対抗するエジプトとも混同される。ホラティウスの「破滅をもたらすアレクサンドリア」は、ローマ人の徳に対する同じ脅威を表現しているにすぎない。紀元前一世紀のローマ人が抱いた恐怖は、そのすべてがクレオパトラという人物において明確になったようだ。外国、知られざるオリエント、威圧的で尊大な女性に対する恐怖である。ホラティウスも、ウェルギリウスも、プロペルティウスも、彼らの作品にクレオパトラの名を引用しないのは、この点を示唆しているようだ。時代が違えば、タブーについても語ったであろう。

一世紀の詩人ルカヌス（三九〜六五年）は、『ファルサリア』においてかなり異なった形でクレオパトラの人物像に言及する。この詩人は型どおり非難するものの、憎悪するよりむしろ魅惑されていたと指摘されている。『ファルサリア』第一〇巻の一三六〜一五四行は、クレオパトラに関する古代の作品のなかで最も優れた一節である。紀元前四八年、アレクサンドリアの王宮で、女王と夫である弟との和解を固める宴会が開かれている。しかし、若き女王が最高指揮官《インペラトル》の眼前に豪華な振る舞いを繰り広げることによって誘惑しようとしていたのは、何よりもまずカエサルであった。

「女王夫婦と最高指揮官カエサルは食事用の臥台に横たわり、彼女は厚化粧をして怪しげな美しさを漂わせている。王笏にも、夫である弟にも満足できず、頸や頭には紅海から手に入れた戦利品の財宝を飾り、贅沢の重みで苦しんでいる。シドンの布をとおして胸元が眩いばかりに輝き、その糸はセレス人（中国人）の筬《おさ》で目が詰められ、ナイルの針で縦糸がゆるめられて、しなやかな布になっている。アトラスの森の木で作られた円卓が象牙の脚のうえに載っている。カエサルがユバ〔一世〕を捕まえたあとでも見たことがない代物だ。何たる盲目的な、何たる野心に狂った情熱だろう。内戦の指揮官のまえに高価な品々を披露し、武装した賓客の心に火をつけるとは」

詩人ルカヌスがここで楽しげに描写した光景は『千一夜物語』にも匹敵する。北アフリカから極東に至るエキゾチックな国のことがさまざま取り混ぜて述べられている。現在のモロッコにあたるアトラス、フェニキアの都市シドン、紅海、象牙の産地であるブラック・アフリカ、さらに絹を加工する中国（セレス人の国）も登場する。したがって、クレオパトラはエキゾチシズムを濃縮した女性に見える。「有害な美貌」に対する恐怖やモラリストの常套句は、彼女が我々を誘うエキゾチックで度を越した快楽という魅力によって、すっかり消え失せてしまったかのようだ。紀元一世紀になると、もはや現実のクレオパトラは話題とされなかった。神話が一人立ちしはじめ、憎悪は幻想に変わる。

V　中世から二十世紀の文学に登場するクレオパトラ

クレオパトラという人物は数多くの文学作品によって知られている。人物像は修正され、時代の好みに合わせられる。ここでは中世から現代に至るまでの展開を手短に追うことにしよう。

ダンテ（一二六五〜一三二一年）は、当然のことながら「淫乱なクレオパトラ」を『地獄篇』（五、六三）に入れた。

プルタルコスの記述から想を得た十六世紀の悲劇のなかには、称賛に値するが、哀れで悲愴な女王として登場させたものがいくつかある。E・ジョデルの『囚われのクレオパトラ』（一五五二年）やR・ガルニエの『マルクス・アントニウス』（一五七四年）の場合がそれである。

しかし、女王を題材にした最も有名な演劇『アントニーとクレオパトラ』（一六〇七年）を書いたのは、W・シェイクスピアである。この恋愛劇では、歴史は遍在しているものの、二の次に追いやられている。アントニウスとクレオパトラは老いても別れられないロメオとジュリエットであり（「女王の呪縛からこの身をふり解かねば」とアントニウスは言う）、互いに過去を非難しあうこともある。アクティウムの戦いのあと、アントニウスはクレオパトラに対して「おまえは死んだカエサルの皿のうえの冷めた食べ残しだった」と言い放つ。

十七世紀のフランス人は、クレオパトラを気高い貴婦人に仕立てあげた。バンセラードの悲劇（『クレオパトラ』一六三四年）やラ・カルプルネードの長編小説（『クレオパトラ』一六四六年）における才気溢れる女王、コルネイユの『ポンペイウスの死』における度量の大きい女傑がそれである。

パスカルの有名な兼用法《シレプシス》[1]「クレオパトラの鼻がもっと低かったら、地球の表面はすべて変わっていただろう」も想い出そう。

（1）ある語を、本義と比喩的意義に同時に用いる修辞法〔訳注〕。

J＝F・マルモンテル（『事実に基づくクレオパトラ』一七五二年）は、「クレオパトラを悪者にしようとしたラテン作家」とは距離を置き、女王の名誉回復を試みた。

十九世紀には、クレオパトラの人物像は抜本的に改められる。気高い女王は再び古代の資料が描く妖婦となる。もっとも、近代の小説家や詩人はもはやまったくモラリスト的配慮をしないという違いがある。

プーシキンは『エジプトの夜』（一八三七年）で、交尾のあと雄を殺す雌蜘蛛（残酷な女）というテーマを再び取りあげた。Th・ゴーティエの『クレオパトラの夜』は官能的で、残酷なほどつれなく、まったく道徳観念を持たない女王を描写する。女王はメイヤムーンのまえで踊り、エジプトのサロメに変身する。

「クレオパトラみずから玉座から立ちあがり、女王のコートを脱ぎ捨て、星のようにきらめく王冠を花の冠に替え、雪のように白い手に黄金のカスタネットをはめて、恋心に狂ったメイヤムーンのまえで踊りはじめた。大理石の壺の把手《とって》のようにふっくらとした美しい腕で、頭の上できらめくような音の束を揺り動かし、カスタネットの音はしだいに大きくなる。小さな足の真っ赤に染めた爪先で立って、素早く前へ進み、メイヤムーンの額に軽く口づけをする。そのあとまた円を描いて踊りはじめ、メイヤムーンの周りを跳びまわる。ときには、頭をのけぞらせ、眼を半ば閉じて、うしろへ反り返り、腕は痺れて動かず、髪はほどけて垂れさがり、神が乗り移ったマイナロン山〔在アルカディア東部〕のバッコスの祭女のようであり、ときには、身も軽く、生きいきと、にこやかで、蝶のように、疲れを知らず、蜜を漁る蜂より気まぐれな動きを見せた。恋情、官能の快楽、激しい情熱、尽きることなきみずみずしき若さ、遠からぬ幸福の約束、これらすべてを彼女は表現していた」

しかし、ここでもまた、エロチシズムの報いとなるのは死である。

J＝M・エレディアの『戦勝記念物』のなかで、アントニウスとクレオパトラを題材にした三部作のソネットの最終部分を構成しているのは、挫折と死である。

「彼女の目には運命の予兆が見えなかった。
彼女の傍らで、暗い川面のうえでバラの花びらを毟《むし》っているのは、
『欲望』と『死』という二柱の神の子だ」

（「キュドノス川」）

「彼女のうえに身をかがめ、情熱的な最高指揮官《インペラトル》〔アントニウス〕が、
黄金の点で輝く彼女の大きな目に見たのは、
広漠たる海そのもの。そこをガレー船が逃げてゆく」

（「アントニウスとクレオパトラ」）

ここで問題とされているのは、もちろんアクティウムのガレー船〔櫂と帆で走る軍船〕である。V・サルドゥの戯曲（『クレオパトラ』）も挙げておこう。これは一八九〇年に上演され、エジプト女王の役をサラ・ベルナールが演じ、大成功を収めた作品である。

二十世紀になると、クレオパトラは極端に変身し、オリエント風の姿で登場する。たとえば、A・サマンは、二編のソネットからなる二部作（『王女の庭で』一九一二年）の『クレオパトラ』において、裸体を碧空にさらす若き処女の女王を描く。これに、「クレオパトラ」（『詩』一九二七年）と題するP・ルイスのソネットを付け加えておこう。これらはみなきわめて「十九世紀」的である。

それに対して、B・ショーは、戯曲『シーザーとクレオパトラ』（一九〇一年）でエジプト女王の新しいイメージを提案した。それまでの伝統に反し、彼女を粋で素朴な小娘、老いた独裁官に教育される一種のロリータとした。

最後に、アレクサンドリア生まれのギリシア語の詩人C・カヴァフィは、彼なりに、体育場《ギュムナシオン》での式典を違った形に描く。

「アレクサンドリア住民は、クレオパトラの子供たち（カエサリオンとその幼い弟アレクサンドロスとプトレマイオス）を見ようと集まってきた。優秀な兵士の隊列のまえで王と宣言されるため、子供たちは初めて体育場へ連れてこられたのだ」

「アレクサンドロスはアルメニア、メディア、パルティアの王に、プトレマイオスはキリキア、シリア、フェニキアの王に任命された。その少し前方には、バラ色の絹の服を着たカエサリオンがいた。胸にはヒヤシンスの花束、ベルトにはサファイアとアメジストの二列の飾りがつけられ、靴には白いリボンが結ばれ、バラ色の真珠で刺繍がほどこされていた。その威厳は二人の弟より優っていた。カエサリオンは『諸王の王』に任ぜられたからだ」

「確かに、アレクサンドリア住民は、これらすべてが言葉だけのもので、舞台効果を狙ったものにすぎないことを充分見抜いていた」

「しかし、その一日は暑く、美しかった。澄みきった青空。華麗な芸術の傑作であるアレクサンドリアの体育場。宮廷人の豪勢は極まり、カエサリオンは気品と美しさに満ちていた（クレオパトラの子、プトレマイオス朝の血）。したがって、アレクサンドリア住民は祝祭に馳せ参じ、熱狂し、ギリシア語で、エジプト語で、ときにはヘブライ語で歓呼の声をあげる。これらすべてにどんな価値があるのか、よくわかってはいたのだが」（M・ユルスナール／C・ディマラの翻訳、ガリマール、一九五八年）

Ⅵ　近代の伝記作家

クレオパトラの伝記を書いた近代の歴史家や著述家は、この歴史的人物をきわめて主観的に解釈することがある。思う存分非難をぶちまける者もいる。たとえば、A・ブシェ＝ルクレルク（『ラゴス朝の歴史』、一九〇四年）は、「貞淑な女性」の名において、「不健康な茎に咲いた毒花のように、プトレマイオス家に最後の栄光と最後の凋落をもたらす、美しいが、野心的で、ずうずうしい宮廷の女性」と非難する。名作の優れた箇所を通して、まさに幻影に導かれるままの人もいる。たとえば、O・ドゥ・ヴェルトハイマー（『クレオパトラ』、ペイヨ、一九三五年）にとっては、女王は、「永遠の女性の最高の権化として現われる。素晴らしい魅力で生活に彩りを添えるか、生活を破壊する性質を持った、やさしいけれども残酷な、得体の知れない人物である」。さらに、以下が、彼が描いた女王の人物像、まさに触りの部分である。「クレオパトラは、天才と平均点を上回る優等生を区別する才能、霊感を伝え生気を生み出す才能ではこのうえなく秀でていた。……本能的な、まさしく神的な電流がクレオパトラの心を走り抜ける。彼女は全身をもって知覚し、動き、全身をもって見、聞き、とどまり、そして命令し、行動した。移ろいやすい感情と思考の泉からほとばしりでてくる魅力を、客観的に想像することは難しい。底知れぬ魅力は、優しさと激情、優雅と活気の対比からも生まれる。彼女の側にいると退屈することはない。仕事の面と同じく、愛の面でもそうだ。享楽を与えるためにつくられ、愛でないものすべてに無関心と思われる女性もいるし、夜にすべての能力を発揮し、出しきってしまう女性もいる。それ以外の女性は、役割を分担するかぎり素晴らしい友人であるが、エロス〔キューピッド〕の松明とは関係がない。美しい肉体をもっていても、脳がない。心はあっても、醜いのだ。ほとんどの女性は、鍵盤の上に指を置いても、多くの弦は音を立てないままだ。クレオパトラはハーモニーの世界だ。素晴らしい愛人、思慮深い女王であり、爪の先まで女性であって、夜のあらゆる欲望も、昼のあらゆる責務も満たしていた」

最後に、A・ウェイゴール（『クレオパトラ、その生活と時代』、一九三六年）は、女王を気の変わりやすい興奮した若い女性に仕立てる。「性格は若々しく、気質は短気で、そそっかしいことが多く、人生を楽しみ、快楽が提供されればどんなものでも無邪気に味わう。彼女の激しい心は、面食らうほど、いとも簡単に、陽気から悲しみへ、喜劇から悲劇へと躍動し、非常に小さな手で、複雑な事情の緯《たて》糸を、闇と光で織ったマントのように、周りに振りまわす」

Ⅶ　絵画と彫刻に登場するクレオパトラ

女王クレオパトラを題材にした絵画は多い。よく登場するテーマは、アントニウスとクレオパトラとの会見である。ヴェネチアのパラッツォ・ラッビアに描かれたフレスコ画、すなわちG・ティエポロの作品（一七四三～一七四四年）がそれである。この絵画では、すべてが歴史的事実とかけ離れており、乳色の肌をしたブロンドの女王が当時流行した宝飾品や衣装を着けて登場する。ティエポロはまた、《クレオパトラの饗宴》（パリ、コニャック＝ジェイ博物館）の作者でもある。この絵画では、女王は同じ規範《カノン》に基づいて描かれていて、魅惑された三人委員アントニウスとともに饗宴のホスト役を務めている。最後に、L・アルマ＝タデマの《アントニウスとクレオパトラ》（個人蔵、一八八三年）があるが、これは女王のコインの肖像から着想を得たものだ。

しかし、画家が最も多く描いたテーマはクレオパトラの死であった。ここでは最も有名なもののなかから、いくつかの例を挙げるにとどめておこう。A・ベッルッチ（クレルモン・フェラン美術館、一七〇〇年頃）は、ブロンドのヴェネチア人が自殺する場面を描いているが、J＝B・ルニョー（個人蔵、十八世紀末）が描写したのは、総裁政府《ディレクトワール》様式に典型的な、ぽっちゃりとした艶っぽい女性であり、ほっそりした小さな蛇によって表現された死を、それほど恐れているようには思えない。J＝A・リクサン（トゥルーズ、オーギュスタン美術館）の絵画では、クレオパトラは、まさにエジプト風の情景の真んなかに遺体を横たえ、ハーレムのムーア人の顔つきをしている。H・マカール（カッセル、国立美術館、一八七五年）は、瀕死の二人の侍女を伴い、壁掛け、シーツ、獣の皮が雑然と組み合わされたなかに横たわったエジプト人風のオダリスク〔ハーレムの女性〕を描いている。最後に、J・コリエ（オルダム美術館、一八九〇年）では、クレオパトラ、エイラス、カルミオンの身体が透明なヴェールを被せられ、暗い宮廷の背景によって強調されている。

これらすべての作品からエロチシズムが発散しているが、歴史の題材として認められているので、控えめに表現されることはない。他方、詩人エレディアのソネットの終わりでは、エロス〔キューピッド〕がいつも死《タナトス》を伴っているように、「肉欲」は「死」と結びつけられる。対比しないとうまくないのである。絵画の構成の多くは、皮がぬるぬるした蛇と女性の身体の華奢な柔らかさとの対比で勝負する。そこから、ある種の残酷さ、芸術的サディズムの一形態が生まれる。蛇がいることは、クレオパトラの神話を聖書のイヴと関連づける。

J＝L・ジェローム（個人蔵、一八六六年）がクレオパトラとユリウス・カエサルの出逢いの場面から着想したのは、シチリアのアポッロドロスが精悍なヌビア人の奴隷とされ、彼の赤銅色の肉づきと若き女王のぽってりと太った女性らしさとが対比された構図であった。

A・カバネル（アントウェルペン、王立美術館、一八八七年）は、女王が囚人に毒を試したと伝えるプルタルコスの『アントニウス伝』の一節を絵画に描いた。彼の作品は、エジプト風の衣装をまとい、威圧的で、残酷で、無頓着な絶世の美女である若い女王が、ぼんやり、かつ平然と死刑囚の苦痛を眺める姿を描いている。したがって、「世紀末」の東方趣味の幻想では、残酷、エロチシズム、死が結びつけられており、それらは不可分である。

最後に、G・モロの《クレオパトラ》と題する水彩画（パリ、ルーブル美術館、一八八七年頃）にも触れておこう。女王は、うつろな目で遠くを眺め、陰鬱な、薄暮の構成のなか中央で玉座に座っている。クレオパトラは彫刻にも表現された。H・ドュコマン・ドュ・ロックル（マルセーユ美術館、一八五三〜五四年）は《死に瀕したクレオパトラ》を彫った。女王が横たわっているベッドだけがエジプト風で、身体、顔つき、ドレープは新古典様式に属する。D・H・キパリュスの《横臥したクレオパトラ》（個人蔵、一九二五年）では、彼女は寝椅子に横たわったキャバレーにいる若き美女のように見える。

Ⅷ　音楽と映画

クレオパトラを題材にした歌曲は七〇曲を数える。なかでも、スカルラッティ（一七六〇年）、D・チマローザ（一七八九年）、P・ブノワ（一八八九年）、J・マスネー（一九一四年死後に上演）、O・シュトラウス（一九二三年）、G・F・マリピエロ（一九三八年）、S・バーバー（一九六六年）を挙げておこう。これらの曲には、シェイクスピアの『アントニーとクレオパトラ』から題材を取ったものがかなりの数にのぼる。一九一九年にFl・シュミットによってA・ジイド翻訳のシェイクスピア劇のために書かれた付随音楽[1]を特筆することができよう。二つの交響組曲が作曲されており、それぞれが三つのエピソードで構成されている。一つの組曲は「アントニウスとクレオパトラ」、「ポンペイウス陣営」、「アクティウムの戦い」、もう一つは「女王の宮殿の夜」、「大饗宴と踊り」、「クレオパトラの墓」である。

（1）劇のあいだに演奏されるように作曲された曲。付帯音楽、伴奏音楽とも言う〔訳注〕。

女王はまたG・F・ヘンデルの《エジプトのジューリオ・チェーザレ》の主要登場人物の一人となっ

ている。舞台は紀元前四八年のアレクサンドリア。カエサルが上陸し、ポンペイウスの首が差しだされ、歓待を受ける。クレオパトラは、カエサルを誘惑するため、伝承とは異なり、まず女王の女官リディアという女性として登場する。オペラは恋人たちの勝利による歓喜で幕を閉じる。

最後に、H・ベルリオーズは一八二七年にローマ賞を取ろうとして《クレオパトラの死》と題するカンタータを作曲した。この曲では死の精神を暗示する部分で陰鬱な和音が奏でられる。この作品はあまりにも大胆すぎると、審査委員に評価された。

映画はすぐさまクレオパトラという人物を題材に取りあげ、一八九九年以来、少なくとも二〇本ほど上映された。思い出されるのは、極めて扇情的なセダ・バラが女王役を演じたJ・G・エドワーズの無声映画『クレオパトラ』(一九一七年)である。一九三七年、セシル・B・デミルはクレオパトラ役としてクローデット・コルベールを選んだ。この映画のポスターは「クレオパトラ、世界を揺るがしたラブストーリーの、素晴らしく壮麗なスペクタクル化」と豪語しているが、それはまさに正鵠を得ている。G・パスカルの『シーザーとクレオパトラ』(一九四五年)で若き女王の役を演じたのは、ヴィヴィアン・リーである。この映画はB・ショーの戯曲を脚色したものである。

エジプトの女王を題材にした映画の傑作は、ジョセフ・L・マンキーウィッツの『クレオパトラ』(一九六三年)であることに異論はない。エリザベス・テイラーが魅力的で知的なクレオパトラを見事に演じ、レックス・ハリスン演ずるユリウス・カエサルが、リチャード・バートン演ずるアントニウスに立ち向かう。二十世紀センチュリー・フォックス社は、絢爛豪華なアレクサンドリア王宮を再現するのに巨額の費用を投じた。女王とその子たちが数十人の奴隷に引かれた巨大なスフィンクスに乗って、騒然とするなか堂々とローマ入りしたように、この映画の表現は史実の枠を逸脱していた。

ところで、クレオパトラは、R・ゴシニとA・ユデルゾの『アステリックスとクレオパトラ』（一九六五年）によって、漫画にも登場した。その表紙はマンキーウィッツの映画のポスターをパロディー化している。クレオパトラは宣伝の題材にもなり、エジプトの石鹸、糊、タバコの商品名にもなった。

結論

これまで述べてきた内容が示しているように、クレオパトラの実相を知ろうとしても、歴史家には検討すべき資料と証言が不足している。

それでも、文献、碑文、パピルス文書、コイン、図像、考古学の資料によって、野心を秘めた女王の治世の重要な諸々の局面を追跡し、「真似できない」《アミメトス》といわれた生活を垣間見ることによって、彼女が権力の基盤に据えようとした神話めいたイデオロギーの内容を理解することはできる、簡単に言うと、彼女が一八年間にわたって統治したアレクサンドリアからテーベまでのエジプトについて、少し理解することはできるのである。

保護下に置かれ、衰退し、侮蔑された王国の若き二十歳の女王は、保護してくれる人物の好意を求める以外、何をすることができたのであろうか。みずからとエジプトの運命を、グナエウス・ポンペイウス、ユリウス・カエサル、アントニウスであれ、さらにはオクタウィアヌスであれ、ローマの主と結びつけようとしたのがクレオパトラの政策であった。クレオパトラは聡明で、計算高く、資料を通して理解するかぎり、アレクサンドロス帝国を継承した最後のヘレニズム王国の崩壊を回避すべく、あらゆる智恵を絞った。祖先が築いた大王国・プトレマイオス朝の再興に全能力を傾注した。

しかし、王宮の奢侈とか、アントニウスによる領土の贈与といった表面的な成功によって、クレオパトラ王国の真の性質を見誤ってはならない。彼女の治世を通して、エジプトはローマの保護のもとにある衰退期の王国のままであった。

豪華な外観とか、体育場《ギュムナシオン》における儀式の際に女王やカエサリオンに与えられた「諸王の女王」や「諸王の王」という大げさな肩書きの背後には、何ら実態を伴ったものはない。プトレマイオス朝の軍隊は女王の意図にかなう形には改革されておらず、女王はローマの軍団に完全に依存していた。他方、農村部は極貧の状態にあった。かくして、クレオパトラは壮大な見世物の素晴らしい主催者、要するに俳優であって、征服者でも改革者でもなかったのである。

彼女の自殺そのものも、この劇の論理に含まれる。オクタウィアヌスの凱旋式に出るのを拒否し、自らの死、「真似できない」女王の役割に相応しい死を演出した。

文学、絵画、音楽、映画に多く登場することが示しているように、彼女は長いあいだ人々に感動を与えることができたと考えなければならない。クレオパトラは神話となった。この神話に混在しているのは、高位の女性、僻遠のオリエント、密接に絡みあう愛と死というテーマである。

用語解説〔五十音順〕

アミメトビオイ　クレオパトラとアントニウスがアレクサンドリアで送ったような「真似できない生活をする人たち」。

イシス女神の被り物　イシス女神がつけていた重い被り物。一般には、麦の穂、角、太陽の円盤、神の羽で構成される。

インペラトル　ローマの最高指揮官。

ウラエウス　ファラオを護るコブラ〔ファラオが被る王冠に付けられたコブラ。尾を王の頭部に巻きつけ、ファラオの額の前面で首を持ちあげ、敵を威嚇する恰好をしている〕。

王冠（ディアデマ）　体育勝利者のヘアバンド、のちにヘレニズム朝の王位を示す鉢巻状の記章〔頭飾り〕。

王室文書書記官（エピストログラポス）　王室文書を管理する書記官。

王名枠（カルトゥーシュ）　内側にファラオの名前が刻まれている楕円形の環。

カイサレイオン　クレオパトラによってカエサルに奉献されたアレクサンドリアの聖所。

カウシア　マケドニアの伝統的な帽子〔日除けのための幅広の鍔(つば)付きの帽子〕。

籠を担ぐ女神官（カネフォロス）　神格化されたアルシノエ二世の祭祀を担当する女神官〔この女神に供える聖器を入れた籠を頭上に担ぐ〕。

ガビニウスの兵士　紀元前五五年シリア属州総督ガビニウスがエジプトに残留させ、それ以降エジプトに駐留したローマ兵士。

宦官　オリエント古来の慣習に基づき、王または女王が顧問官として採用した去勢された男性。

キトン　ローマの上衣（トゥニカ）。

騎兵長官　ローマの独裁官（ディクタトル）の次席補佐官〔四三頁の注参照〕。

クラミュス　マケドニア人の伝統的なコート。

クレピデス　軍人用の編みあげ靴。

軍事植民者（クレルコイまたはカトイコイ〔前二世紀から〕）　土地を与えられ、入植した兵士。

郡長官（エピスタテス）　県（ノモス）の下位に置かれた行政単位（郡）を所管する長官。

県（ノモス）　エジプトの行政単位。

県長官（ストラテゴス）　プトレマイオス時代の県（ノモス）を所管する長官。

財務大臣（ディオイケテス）　王国の財務の責任者。

三人委員　第二回三頭政治と呼ばれる「共和政再建のための協定」に署名した三人（アントニウス、オクタウィアヌス、レピドゥス）に与えられた官職名。

州総督（サトラペス）　ペルシア帝国の州（サトラペイア）の長官、ついでアレクサンドロス帝国の州（サトラペイア）の長官。

シュンナオイ　同じ聖所に祀られる二柱の神のこと。

生誕神殿（マンミシ）　王子の聖なる誕生の祝賀が行なわれるエジプトの神殿。

聖なる結婚（ヒエロ・ガモス）　二柱の神の結婚。

セラペイオン　メンフィスでは牡牛アピスの墓、アレクサンドリアではセラピスに奉献された大神殿。

属州総督（プロコンスル）　ローマ帝国の属州の統治にあたる元執政官。

体育場（ギュムナシオン）　アレクサンドリアの大建造物の一つ、ギリシアの文化・体育センター。

地方《コラ》の地方長官（エピストラテゴス）　アレクサンドリアに居住するいわば内務大臣。テーベの地方長官（エピストラテゴス）は上エジプトの責任者。

ティアラ　ペルシアやアルメニアなどオリエントで使われた帽子。

ティモニオン　アレクサンドリア港に建てられたアントニウスの隠居用小住宅。

添名（エピクレシス）　君主の名に付け加えられた名。

独裁官（ディクタトル）　元老院が例外的に全権を与えた元執政官。もともと独裁官の任期は六カ月を超えてはならなかった。

トリュフェ　君主特有の贅沢な生活。

二重王冠（プスケント）　ファラオの二重王冠〔それぞれ上エジプトの百合と下エジプトのパピルスを象徴する白冠と赤冠の王冠が重ねられた王冠〕。

ネアポリス　アレクサンドリア中央部にあるギリシア人居住区。

バシレウス（女性形はバシリッサ）　「王」、アレクサンドロス大王とその後継者が持つ肩書き。

ピロス　ディオスクロイが被っていた円錐形をしたフェルトの縁なし帽。

傅育官（トロフェウス）　若年の王にかしずき養育にあたる役人。

プスケント　→　**二重王冠**

豊穣の角（一本の場合「ケラス」、二本だと「ディケラス」）　公式の図像においてプトレマイオス朝の女王と結びつけられている豊穣のシンボル。

民衆派（ポプラレス）　ローマの民衆派の人々（カエサルはその一人）。

霊廟（セマ）　アレクサンドリアにあったアレクサンドロスの霊廟。

年表

（注）この年表の前五一年以前の部分は、本文をもとに訳者が作成し、それ以降の部分についても一部加筆した。

前三三二年　アレクサンドロス大王、エジプト征服

前三三一年　アレクサンドリア建設開始

前三二一年　後継者たち《ディアドコイ》がトリパラディソスで帝国の領土を分割

前三〇五年　プトレマイオス一世、王を僭称

前三〇一年　プトレマイオス一世、コイレ・シリアを占領

前二八五～二四六年　プトレマイオス二世の統治（プトレマイオス朝の最盛期）

前二八三年　プトレマイオス一世、ベレニケ一世とともに「救済神たち」として神格化される

前二三七年　カノポスの宗教会議の布告

前二一七年　ラフィアの戦い

前二一六年　メンフィスの宗教会議の布告（ピトムの石碑）

前一九八年　セレウコス朝のアンティオコス三世、コイレ・シリアを併合

前一九六年　メンフィスの宗教会議の布告（ロゼッタ・ストーン）

前一七〇年　アンティオコス四世、エジプトへ侵攻するも、ローマの介入によって撤退

前一六三年　ローマ、エジプト王国の分割を命ず（プトレマイオス六世とクレオパトラ二世がエジプトとキプロス、プトレマイオス八世がキュレナイカを統治）

前一四五～一一六年　プトレマイオス八世（フュスコン）、再統一されたプトレマイオス朝を統治

前一一六年　クレオパトラ三世とプトレマイオス九世がキュレナイカを除く王国を継承。キュレナイカは、プトレマイオス・アピオンが統治
前九六年　プトレマイオス・アピオンが他界し、キュレナイカをローマへ遺贈
前八八年　プトレマイオス十世、アレクサンドロスの金の柩を鋳つぶしたため追放され、プトレマイオス九世が復位
前八〇年　プトレマイオス九世の死去に際し、スッラの命令でプトレマイオス十一世が王に就くも、妻を殺害させ、彼自身も虐殺される。急遽、プトレマイオス十二世（アウレテス）がエジプト、キプロスのプトレマイオスがキプロスの王位に就く
前六九年　クレオパトラ誕生
前六四年　シリア、ローマの属州となる
前五九年　執政官カエサルが買収され、プトレマイオス十二世を「ローマ国民の同盟者にして友人」と認める法案が通過
前五八年　ローマ、キプロスを属州化。アレクサンドリア住民が蜂起し、プトレマイオス十二世は追放され、ローマへ亡命
前五八〜五五年　クレオパトラ六世トリュファイナ（前五七年まで）とベレニケ四世の統治
前五五〜五一年　ガビニウスのエジプトへの侵攻により、プトレマイオス十二世が帰還し、二回目の統治を行なう
前五一〜四七年　クレオパトラとプトレマイオス十三世の統治

前四八年　ポンペイウス死去、ユリウス・カエサルがエジプトに到着
前四八年〜四七年　アレクサンドリア戦争
前四七年〜四四年　クレオパトラとプトレマイオス十四世の統治
前四七年六月二十三日？　カエサリオン誕生
前四六年〜四四年　クレオパトラ、ローマ滞在
前四四年三月十五日　カエサルの暗殺
前四四年〜三〇年　クレオパトラとプトレマイオス十五世カエサル（カエサリオン）の統治
前四三年　アントニウス、オクタウィアヌス、レピドゥスが「共和政再建のための協定」（いわゆる第二回三頭政治）を締結
前四二年　ブルートゥスとカッシウス、フィリッピで敗れる
前四一年　アントニウスとクレオパトラのタルソスでの会見
前四一年冬〜四〇年　クレオパトラとアントニウス、アレクサンドリアに滞在。「真似できない生活をする人たち」の会を結成
前四〇年　双子のアレクサンドロス・ヘリオスとクレオパトラ・セレネが誕生
ブリンディシウム協定締結（三人委員のあいだで勢力圏を分割）
前三七年　タレントゥム協定締結（第二回三頭政治を延長）
アントニウスとクレオパトラ、アンティオケイアで再会
前三六年　アントニウス、パルティア遠征で惨敗
前三四年　アントニウス、アルメニア遠征で勝利。凱旋帰還し、アレクサンドリアの体育

場で凱旋式を挙行。クレオパトラが「諸王の女王」、カエサリオンが「諸王の王」となる

前三二年　アントニウスとクレオパトラ、サモス島で戦争の準備

前三一年九月二日　アクティウムの戦い

前三一年冬～三〇年　「死をともにする人たち」の会を結成

前三〇年　アントニウスとクレオパトラが自害。オクタウィアヌス、カエサリオンを殺害させる

エジプト、ローマの属州となる

訳者あとがき

本書は、Christian-Georges Schwentzel, *Cléopâtre*,（Coll. « Que sais-je? » n°3440, P.U.F., Paris, 1999）の全訳である。

クレオパトラに関する書物は全世界で数えきれないくらい出版されている。わが国でも、純然たるフィクションから教養書にいたるまで、今なお続々と上梓されつつある。しかし、そのほとんどは、彼女の死後に形成された神話に潤色を施し、恋の主人公としてのクレオパトラを描いたものである。著者の言を借りれば、クレオパトラは「神話では遍《あまね》く知られているが、歴史の視点からは驚くほど誤解されたままなのである。

これに反し、本書は、古典テクスト、パピルス文書、碑文・コインなどの考古学資料に基づいて論を進めており、数多《あまた》ある類書のなか、最も史実に忠実にクレオパトラを描出していると言っても過言ではない。そのうえ、クレオパトラをたんにローマ共和政末期の歴史の一人物として扱うだけではなく、プトレマイオス朝史全体のなかに位置づけ、政治だけでなく、経済・社会・宗教といった幅広い視点から考察を加えている。したがって、歴史的人物としてのクレオパトラの実像に迫ってみたいという読者には、恰好の書物と言うことができよう。

著者のクリスティアン＝ジョルジュ・シュエンツェルは、現在、フランス、ヴァランシエンヌ大学の古代史講座の准教授の職にある。大学教授資格（アグレジェ・デュニヴェルシテ）を取得したあと、プトレマイオス朝の王たちの図像に関する論文でパリ第四大学（パリ・ソルボンヌ大学）で博士号を授与された。著書としては『ファラオたちのエジプト』（二〇〇二年）と、B・ランソンとの共著『ヘレニズムとローマ時代のエジプト』（一九九九年）があり、そのほかエジプトに関する論文を多数発表されている。

本書は、冒頭の二章で、アレクサンドロスからクレオパトラの父プトレマイオス十二世までのプトレマイオス朝の歴史を概観する。つぎに三章を費やして、文献を豊富に引用しながら、歴史的人物としてのクレオパトラを紹介する。当然のことながら、カエサルやアントニウスとの関係が詳述される。

第六章では、王政のイデオロギーを論じる。君主は神々を体現していただけでなく、豊穣をもたらす自然力とも混同されており、豪奢《トリュフェ》な生活も君主のカリスマ性を構成する一要素であった。あわせて、プトレマイオス朝にまつわる図像の問題、君主礼拝の実相も紹介される。つぎの章では、クレオパトラ統治下の都市アレクサンドリア、エジプトの行政・軍隊・経済状況を概観する。

そして最終章では、クレオパトラの性格を総括したうえで、いわゆる「クレオパトラの神話」を扱う。ラテン詩人から現代までの文学・伝記などに現われたクレオパトラ像が生きいきと提示される。

前述したように、本書は神話上の人物ではなくて、歴史的人物としてのクレオパトラを解明しようとしている。しかし、そのための文献や考古学資料が必ずしも豊富に伝来しているわけではない。さらに古典テクストの批判の問題もある。たとえば、つねに話題になるクレオパトラの容貌でさえ、ディオン・カッシオスは、「きわめて美しい女性《ペリカツレスタテ》」（『ローマ史』四二、三四）であったと明言しているのに、プルタルコスは、美しいのではなく、美しい以上に非凡な個性によって、なんとも言えないほど官能をかきたてる女性であったとしている。このような状況ではあるものの、考古学資料を含め、できるかぎり直接資料に語らせることによって実像に迫ろうとするアプローチをとっているのが、この書物の大きな魅力と言えよう。

かかる著者の意図をさらに一歩進めるため、古典テクストの出典箇所（原書では一部分のみ表示）をすべて示すことにした。さらに、古典テクストや資料を翻訳するにあたっては、重訳によるバイアスの混入を防ぐため、著者の仏訳を参考にしつつも、直接原文から翻訳するよう努めた。その際、先学諸士の古典の訳業、とくに『プルタルコス英雄伝（下）』（村川堅太郎編、ちくま文庫）、に負うところが少なくなかった。

プトレマイオス時代の図像に関する問題は、筆者の博士論文のテーマであるから、第六章でかなり詳細に解説されている。わが国ではあまり紹介されていないこの分野の理解に資するよう、美術作品三点の図版を追加することを認めていただいた。

最後に、本書の翻訳と訳注については、古代ローマ史を専門とされ、プトレマイオス朝史にも明るい日本学術振興会特別研究員の高橋亮介氏に原稿のチェックをお願いした。同氏には、留学先のロンドンより帰国されるという慌しい時期であったにもかかわらず、拙稿を精査していただいたうえ、数々の貴重な提案や助言を賜った。この紙面を借りて厚く御礼申しあげたい。もちろん、翻訳に誤りがあれば、それはすべて私の責任であることは申すまでもない。また、本書の出版にあたっては、図版・系図・索引の追加を含め、白水社編集部の和久田頼男、中川すみ氏にひとかたならぬ配慮を賜った。厚く御礼申しあげる。

二〇〇七年七月　所沢にて

北野徹

1）この系図は本文と先達の著作を参考に訳者が作成した．細かい点で多くの異説があることをあらかじめご承知いただきたい．

2）クレオパトラ７世の，弟と子との婚姻関係の表示は省略した．

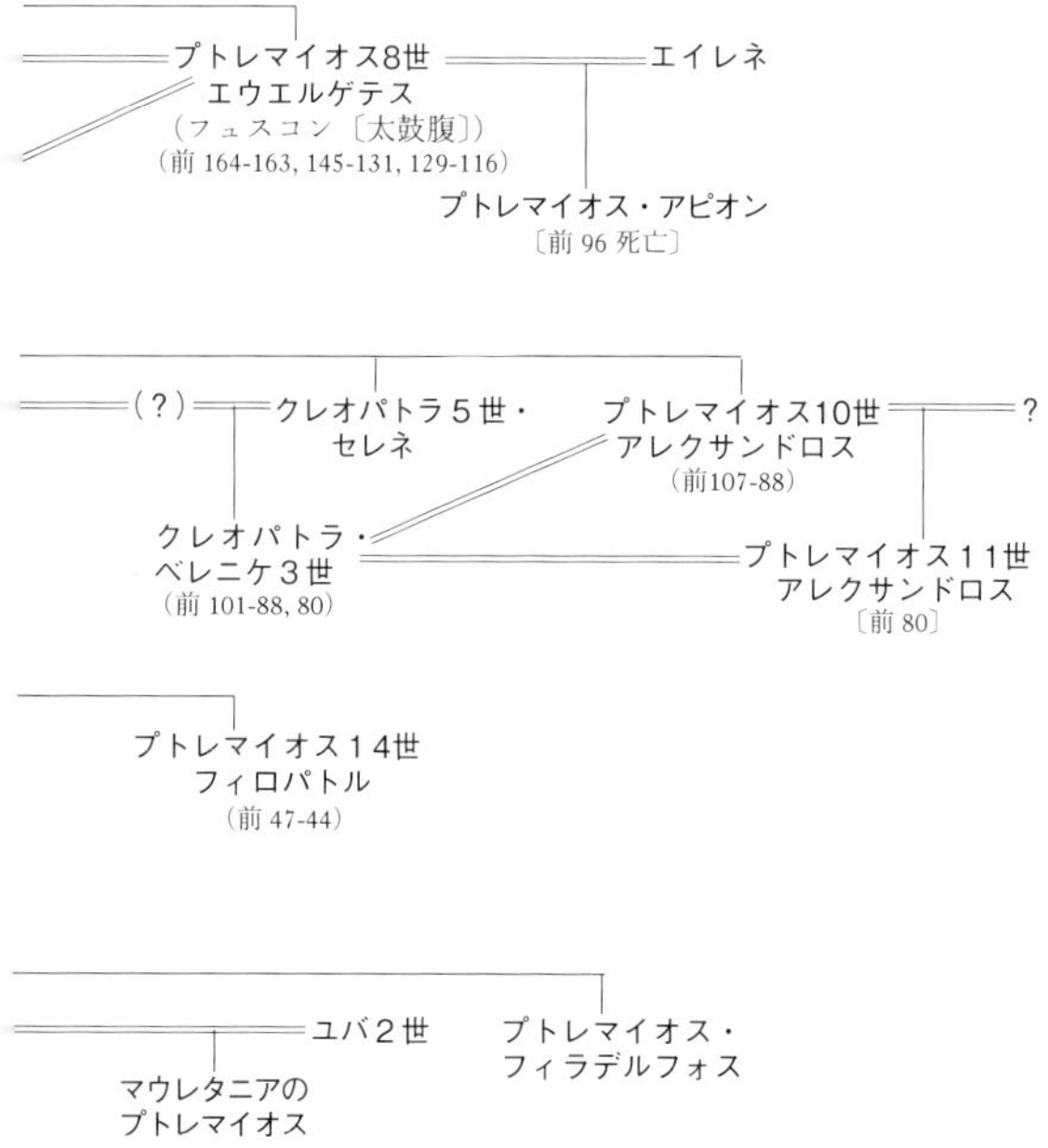

プトレマイオス朝系図
（括弧内は在位期間）

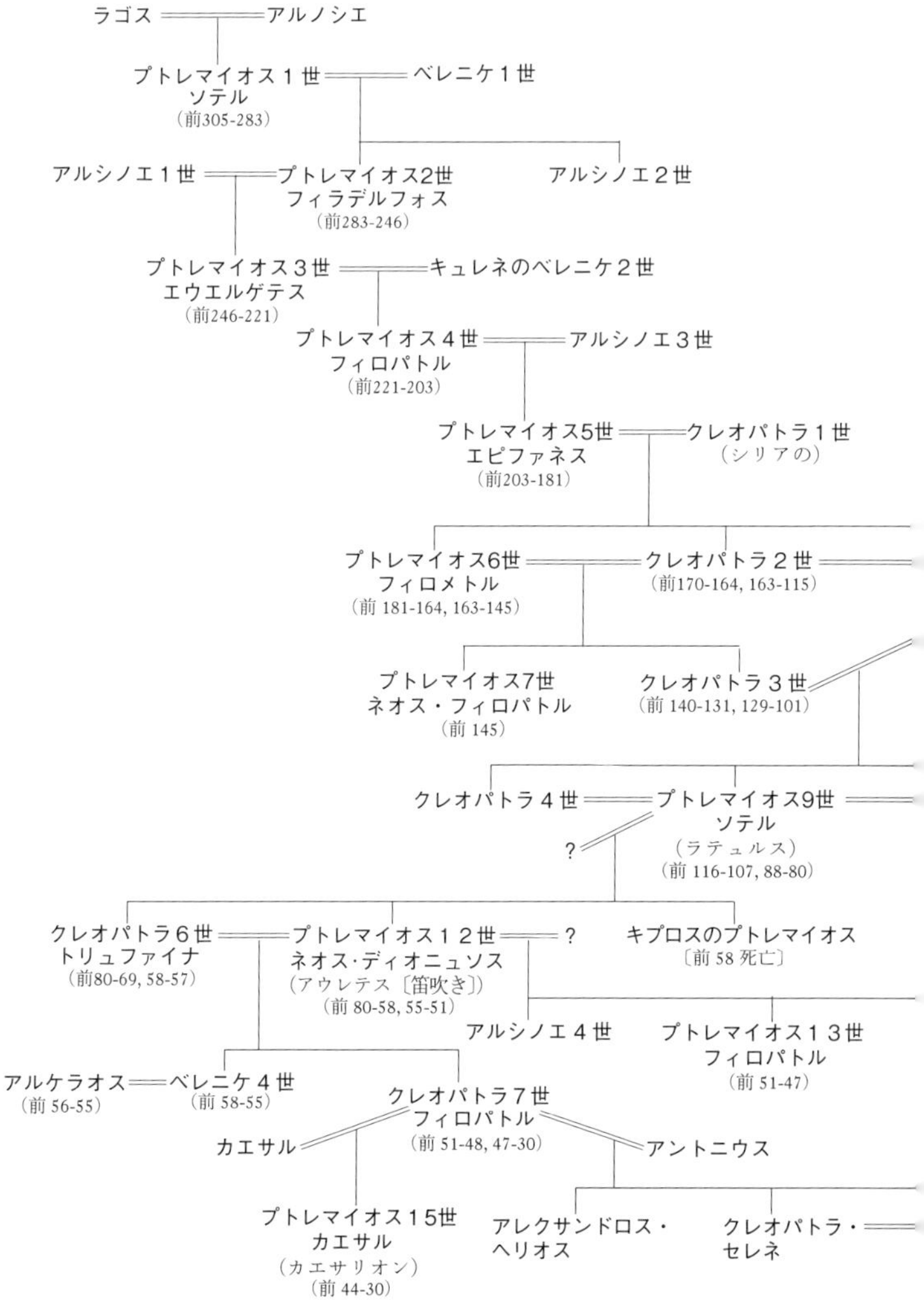
ラゴス
アルノシエ
プトレマイオス１世
ソテル
（前305-283）
ベレニケ１世
アルシノエ１世
プトレマイオス2世
フィラデルフォス
（前283-246）
アルシノエ２世
プトレマイオス３世
エウエルゲテス
（前246-221）
キュレネのベレニケ２世
プトレマイオス４世
フィロパトル
（前221-203）
アルシノエ３世
プトレマイオス5世
エピファネス
（前203-181）
クレオパトラ１世
（シリアの）
プトレマイオス6世
フィロメトル
（前 181-164, 163-145）
クレオパトラ２世
（前170-164, 163-115）
プトレマイオス7世
ネオス・フィロパトル
（前 145）
クレオパトラ３世
（前 140-131, 129-101）
クレオパトラ４世
プトレマイオス9世
ソテル
（ラテュルス）
（前 116-107, 88-80）
?
クレオパトラ６世
トリュファイナ
（前80-69, 58-57）
プトレマイオス１２世
ネオス·ディオニュソス
（アウレテス〔笛吹き〕）
（前 80-58, 55-51）
?
キプロスのプトレマイオス
〔前 58 死亡〕
アルシノエ４世
プトレマイオス１３世
フィロパトル
（前 51-47）
アルケラオス
（前 56-55）
ベレニケ４世
（前 58-55）
クレオパトラ７世
フィロパトル
（前 51-48, 47-30）
カエサル
アントニウス
プトレマイオス１5世
カエサル
（カエサリオン）
（前 44-30）
アレクサンドロス・
ヘリオス
クレオパトラ・
セレネ

コルキス
ポントゥス
アルメニア
カスピ海
フラアタ
メディア
ヘカトンピュロス
サモサタ
ゼウグマ
メソポタミア
カルキス
シリア
パルミラ
ドゥラ・エウロポス
エクバタナ
セレウケイア（オピス）
ティグリス川
セレウケイア（スサ）
バビュロン
シリア
ユーフラテス川
アレクサンドリア
アラビア
ペルシア湾

追加図版Ⅳ　ヘレニズム世界の地図

追加図版V　エジプトの地図

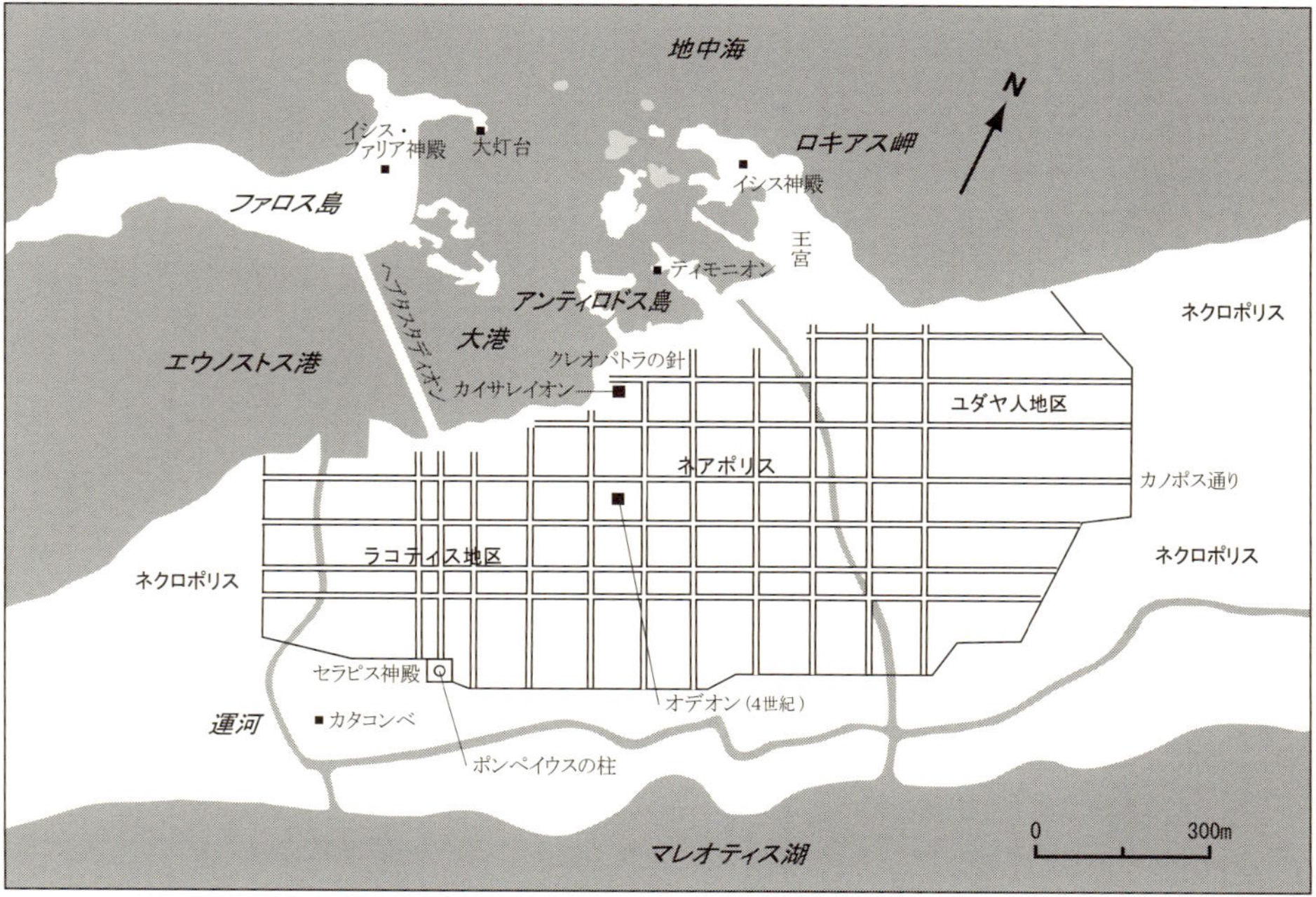

追加図版VI　アレクサンドリアの地図

索　引

「人名（著書）・神名」
「地名・国名・種族名」
「アレクサンドリアの地名と建造物」
「事項・建造物」で分類
ただし，中世以降の文学・伝記、絵画・彫刻、
音楽・映画に関する人名（作品名）は省略

●人名（著書）・神名

アイネシデモス　118, 123
アウグストゥス → オクタウィアヌス
アキッラス　32 - 34, 37, 38, 87, 122
アグリッパ　68
アッピアノス　11, 30, 35, 40, 44, 45, 52, 119
『内乱記』35, 40, 44, 119
アッリアノス，フラウィウス　14
『アレクサンドロス大王東征記』14
アテナイオス　86
『食卓の賢人たち』86
アドリアーニ，A　12
アピス　14, 15, 18
アフロディテ　28, 45, 51, 91, 97, 100, 101
・新しい～　45, 100
・～＝イシス　92
・「湯浴みを終えた」～　91
アポッロドロス，シチリアの　36, 88, 142
アマルテイア　94, 99
アルキビオス　88
アルケラオス　29, 30
アルシノエ1世　19
アルシノエ2世　19, 24, 56, 90, 97, 99, 103, 107
アルシノエ3世　24, 103, 105, 107
アルシノエ4世　30, 37 - 39, 43, 53, 88, 130
アルタウァスデス2世　59, 61, 98
アレイオス（アリウス）　81, 118, 123, 124
アレクサンドロス（大王）　9, 10, 14, 17, 18, 35, 40, 50, 52, 64, 82, 81, 82, 94
アレクサンドロス・ヘリオス　56, 58, 63, 94, 138
アレクサンドロス4世　81
アンティオコス3世　20
アンティオコス4世　20
アンティゴノス，隻眼の　17
アンティフォン　53
アンテュッルス　70, 82, 84, 88
アントニウス，マルクス　9, 10, 30, 43, 46, 48 - 74, 77, 78, 80 - 85, 88, 95, 98, 100, 111, 116, 117, 122, 128 - 132, 135 - 137, 141, 144, 146, 148
アンプリアス　84
アンプルール，J＝Y　13, 115
アンミアヌス・マルケッリヌス　115, 117
アンモニオス　44
イシス　22, 41, 45, 64, 92, 93, 99 - 101, 105, 106, 108, 110, 112, 117, 134, 148
・新しい～（ネア・イシス）45, 64, 101
・～の結び目　64
・～＝ハトホル女神　110
・～・ファリア　116
ウェッレイウス・パテルクス　11

ウェヌス（希アフロディテ） 45, 91
・～・ゲネトリクス 51, 91
・勝利の～（～・ウィクトリス）45
ウェルギリウス 12, 132, 134
『アエネイス』12, 132
ウェルキンゲトリクス 43
運命の女神（テュケ） 49, 99, 101, 132
エイラス 67, 78, 88, 142
エイレネ 22, 25
オクタウィア 54, 55, 60, 82
オクタウィアヌス（アウグストゥス） 9, 11, 45, 47 - 49, 54, 55, 57, 58, 61, 62, 64 - 69, 71 - 78, 80 - 82, 85, 88, 90, 112, 115 - 118, 122 - 124, 129, 132, 133, 146 - 147
オシリス 18, 100, 105
オフェッラス 17
オロデス王 54
カエサル，ユリウス 9 - 12, 14, 27, 34 - 40, 42, 49, 51 - 53, 58, 59, 62, 66, 76, 81, 88, 91, 116 - 118, 134, 142, 144, 146
『内乱記』 11
カッシウス 48 - 50, 53, 122, 123
カッリマコス 104
『風刺詩』 104
カッリマコス（テーベの地方長官）120
カッリマコス（テーベ郡長官）120, 121
ガッルス 69, 75, 81
カトー，マルクス（・ウティケンシス） 27, 28, 42
カニディウス・クラッスス、プブリウス 65, 69
ガニュメデス 38, 87, 88
ガビニウス，アウルス 29, 30, 122
カルウィシウス・サビヌス 65, 66
カルウィヌス，グナエウス・ドミティウス 38
カルコピーノ，J 93
カルプルニア 44
カルミオン 67, 78, 88, 142
ガレノス 79
キケロ 11, 26, 31, 44, 52
『アッティクス宛書簡集』 11, 44, 52
『ラビリウス・ポストゥムス弁護』31
クラッスス 26, 27
クレオパトラ1世 20, 94
クレオパトラ2世 21, 22
クレオパトラ3世フィロメトル・ソテイラ（愛母・救済者）22, 23, 102, 108, 153
クレオパトラ5世・セレネ 26
クレオパトラ6世トリュファイナ 24, 29, 108
クレオパトラ7世フィロパトル（愛父者） 23, 25, 26, 30, 32, 33, 36, 39 - 75, 77 - 82, 84 - 90, 92 - 102, 108 - 123, 126 - 131, 133 - 147
クレオパトラ・セレネ 56, 58, 63, 82, 90, 94, 154
クレオパトラ・ベレニケ3世 23
クレオメネス 16
クロディウス 27
ゲッリウス，アウルス 11, 117
シュライバー，Th 116
ジョタペ 63
スエトニウス 11, 44, 80, 115
『カエサル伝』11, 44
『アウグストゥス伝』11, 44, 80, 115
スカルプス，ピナリウス 69
スッラ 23
ストラトス，ランプサコスの 100
ストラボン 11, 25, 79, 113, 115, 118,
『地理書』11, 25, 115
ゼウス 16 - 18, 55, 93, 94, 99
ゼノビア 112
セラピス 18
セラピオン 49, 53, 123
セレウコス（クレオパトラ配下の財務官）88
セレウコス（クレオパトラ配下の士官） 72, 122, 123

セレウコス　29
セレウコス1世　17
ソシゲネス　117, 123
ソストラトス，クニドスの　114
ダリウス3世　35, 75
ディオドロス，シチリアの　14, 27, 113, 114, 119, 124
『歴史叢書』14, 114, 119, 124
ディオニュソス（バッカス）　50 - 52, 86, 93, 100
・～主義　95
・～の杖（テュルソス）50
ディオメデス　74, 88
ディオン　28, 29
ディオン・カッシオス　11, 36, 52, 57, 61, 62, 66, 67, 71, 73, 76, 81, 87, 91, 95, 117, 129 - 131
『ローマ史』　11, 36, 52, 61, 62, 67, 71, 72, 77, 81, 129, 131
ティティウス　66
ディディウス，クィントゥス　69, 71
ディデュモス（別名・カルケンテロス）118, 124
ディノクラテス，ロドスの　15
ティモン　70
テオクリトス　104
『牧歌』104
テオドトス，キオスの　32 - 35, 86, 87
テオドロス　82, 88
テオファネス　34
デッラ・コルテ，M　93
デ・ニキウ，ジャン　112
デメトリオス，ポリオルケテス　10
ドミティウス・アヘノバルブス　65, 68
ドラベッラ　49, 122, 123
トリプトレモス　102
ナポレオン2世　81
ニコラオス，ダマスクスの　12, 88
ネクベト女神　110
パコロス　54
ハトホル女神　110
バッカス → ディオニュソス
ハルポクラテス神　116
ビブルス　33, 122
ヒルティウス　11
『アレクサンドリア戦記』11, 37, 38, 117
フィリッポス・アッリダイオス　16
フィロストラトス　118, 123, 124
フィロタス　10, 84, 85
フォルクマン，H　97
プセンプタイス　108, 109, 124
プタハ神　14, 25, 106 - 109, 124
プトレマイオス1世ソテル（救済者）16 - 18, 90, 97, 99, 103, 114
プトレマイオス2世フィラデルフォス（愛姉者）18, 19, 24, 56, 86, 97, 100, 103, 106, 107, 114
プトレマイオス3世エウエルゲテス（善行者）19, 21, 103 - 106, 118
プトレマイオス4世フィロパトル（愛父者）19, 20, 24, 103, 105, 106, 121
プトレマイオス5世エピファネス（顕在者）20, 25, 106, 125
プトレマイオス6世フィロメトル（愛母者）20 - 22
プトレマイオス7世ネオス・フィロパトル（新愛父者）21
プトレマイオス8世エウエルゲテス（善行者）〔フュスコン〕21, 22, 102
プトレマイオス9世ソテル（救済者）22 - 24, 102, 104
プトレマイオス10世アレクサンドロス 22, 23, 102, 104, 115
プトレマイオス11世アレクサンドロス　23
・～の遺言　25
プトレマイオス12世ネオス・ディオニュソス〔アウレテス〕　24 - 31, 108, 109, 113, 122 - 125
プトレマイオス13世フィロパトル（愛父者）30, 32, 33, 36, 38, 39, 41, 86, 87

プトレマイオス14世フィロパトル・フィラデルフォス（愛父・愛姉者） 39, 43, 48
プトレマイオス15世カエサル（カエサリオン）41, 43, 44, 46 - 48, 55, 62, 63, 70, 71, 81, 88, 96, 97, 110, 111, 138, 139
プトレマイオス・アピオン 22, 23, 25, 26
プトレマイオス・フィラデルフォス 56, 58, 63, 138
フラアテス4世 59
プランクス 66
プリニウス（大） 11, 131
『博物誌』131
ブルートゥス 48, 49
フルウィア 49, 54, 70, 82, 88
プルタルコス 10, 11, 15, 34, 36, 41, 50 - 53, 57, 59, 60, 62 - 68, 70 - 73, 75, 77, 79, 81, 83 - 86, 101, 112, 115, 117, 118, 122, 127, 128, 135, 142
『アレクサンドロス伝』 26
『アントニウス伝』10, 50, 53, 57, 59, 60, 62, 64 - 68, 70 - 73, 77 - 79, 81, 84 - 86, 88, 116, 118, 128, 142
『カエサル伝』10, 36, 37, 41
『デメトリオス伝』10, 83
『ポンペイウス伝』34
フレイザー，P=H 114
ブレオ，CI 124
ブレッチア，E 12, 116
プロクレイウス 74, 75
プロペルティウス 12, 133, 134
『エレギア』12, 133
フロルス 11
ペトゥバスティス=イムテス 109, 124
ペルディッカス 17
ベルナン，A 114
ベレニケ1世 18, 90, 97, 103
ベレニケ2世 103, 104, 107
ベレニケ4世 25, 28 - 30
ヘロデ1世 12, 59, 69, 88
ヘロンダス 19
『やり手，または，とりもち婆』 19
ホガルト，D・G 12
ボッティ，G 12, 116
ポティノス 32, 33, 36, 37, 67, 87, 88
ポピッリウス・ラエナス，C 20
ホメロス 15
ホラティウス 12, 132 - 134
『詩集』12, 132
ポリュビオス 19, 121
『世界史』19
ホルス 41, 105, 116
ポルフュリオス 48
ポレモン，ポントゥスの 65
ポンペイウス（大）26 - 29, 32 - 35, 39, 42, 43, 75, 122, 133, 144
ポンペイウス，グナエウス 122, 146
ポンペイウス，セクストゥス 49
マザケス 14
マムード知事 12
マルクス（アラビア王）58, 65
マルディオン 67, 87, 88
ミトリダテス，ペルガモンの 38
ミトリダテス6世 29, 38, 42
『名士伝』（デ・ウィリス・イッリュストリブス）129, 133
モレノ，P 92
ユウェナリス 133
『風刺詩』 133
ユスティヌス 22
『地中海世界史』22
ユバ1世 42, 134
ユバ2世 82
ヨセフス，フラウィウス 11, 48, 53, 56 - 59, 115, 131, 132
『アピオンへの反論』11, 115
『ユダヤ古代誌』11, 53, 56, 130
『ユダヤ戦記』 59
ラー神 42
ラビリウス・ポストゥムス 28, 30
ランプリアス 10

リウィウス，ティティウス　129
『ローマ市建設以来の歴史』129
ルカヌス　12, 117, 134
『ファルサリア』12, 117, 134
ルッケイウス　29
レピドゥス　48, 49, 54
ロドン　81, 82, 88
『ローマ皇帝群像』（ヒストリア・アウグスタ）　112

●地名・国名・種族名（アレクサンドリアの地名は別項目に分類）

アクティウム　9, 61, 68, 69, 71, 85, 138
アスカロン　89, 90, 95
アルバーノ山地　28
アルメニア　42, 59, 61, 63, 98, 129,138
アレクサンドリア　10 - 12, 15 - 25, 27 - 30, 33 - 41, 43, 44, 49 - 51, 53 - 55, 57, 60 - 62, 65, 66, 69, 70, 72, 73, 79, 81, 83 - 87, 94, 104, 112 - 120, 123, 125, 128, 132 - 134, 138, 139, 144, 146
アンティオケイア（現アンタクヤ）55, 57, 58, 97, 101
アンフィッサ　84
アンブラキア湾　68
アンモン（現スィーワ）15, 16
イオル・カエサレア（現・シェルシェル）82, 90
イッリュリア（人）47, 54, 121, 132
エフェソス（現エフェス）43, 50, 52, 53, 64 - 66, 130
エレウテロス川（現ナール・アル＝ケビール川）56
オロンテス川（現アスィ川）58, 96, 97
カシオス岬　34
カノポス　15, 104, 133
ガリア（人）14, 43, 121
カルキス　42, 57
キプロス　18, 21 - 24, 27, 28, 40, 49, 50, 53, 62, 94, 95, 97, 99, 101, 123
キュクラデス諸島　18
キュレナイカ　17, 21 - 23, 25, 28, 54, 63, 69
キュレネ　94
キリキア（地方）　50 - 52, 63, 129, 138
コイレ・シリア　17, 20, 62
コプトス　109
コマナ　29
コム・オンボ　108, 109
サモス　65, 85
シェルシェル → イオル・カエサレア
シドン　56, 60, 134
ゼウグマ　59
ゼラ　42
タプソス　42
タルソス　50, 51, 53, 55, 95, 100, 101
テッサリア　34, 132
テュロス（現ティール）　56
デンデラ　109, 110
ドラ　96, 97
トリパラディソス　17
トログロデュタイ人　128
ナウクラティス　16, 104
ハエモニア（別名・テッサリア）132
バクトリア　59
パトライ（現パトラス）68, 99
パフォス（在キプロス）28, 95, 96
パライトニオン　69
パルティア（人）33, 42, 46, 54, 55, 59, 60, 63, 128, 138
・～戦争　61, 129
パルミラ　112
ピトム　105, 106
ファルサロス　34, 35, 39, 44, 45, 52
フィラエ　112
フィリッピ　49
フェニキア　57, 60, 63, 96, 97, 134, 138
プシュッリ人　80
プテオリ（現ポッツオリ）29
プトレマイス　104, 120
フラアタ　59

ブリンディシウム（現ブリンディジ） 54
ヘカトンピュロス 35
ヘッレスポントゥス海峡（現ダーダネルス海峡）63
ペトラ王国 56
ペルガモン（現ベルガマ）38, 66, 117
ペルシア（人）14, 87, 121
ペルシア（現ペルージア）54
ペルシオン 34, 36 - 38, 72, 122, 123
ヘルモンティス 42, 111
ボスポロス王国 42
ポントゥス 29, 42, 65
マウレタニア 82, 90
マケドニア（人）9, 11, 14, 16, 18, 49, 50, 63, 64, 83, 104, 121, 128
マレア 132
メディア（人）59, 63, 65, 128, 138
メディネ=ハブ 120
メンフィス 14, 15, 18, 25, 38, 41, 105 - 109, 124, 133
ラオディケイア 49
リブルニア人 132
レウカス島 68
レスボス 34
ロドス 15, 28

●アレクサンドリアの地名・建造物

アクロポリス 116
アレクサンドリア図書館 117
イシス神殿 112, 116
エウノストス港（幸帰港，エウノストゥ・リメン）15
カイサレイオン 116, 117, 148
学術研究所（ムセイオン） 19, 117
カノポス通り 114
体育場（ギュムナシオン）62, 63, 81, 98, 118, 123, 138, 139, 147, 150
クレオパトラの針 116
セバステイオン 116
セラピス神殿（セラペイオン） 18, 41, 116, 149
大港（メガス・リメン）15, 116, 117
ティモニオン 70
ネアポリス 115, 117, 150
ファロス島 15, 116
ヘプタスタディオン 15
マレオティス湖 15, 113
ラコティス地区 116
ロキアス岬 116

●事項・建造物

アクティウムの戦い 45, 68, 69, 123, 132, 135, 143
アケメネス朝 87
アルテミス神殿 43, 130
アレクサンドリア戦争 37, 87, 117, 121
一緒に養育された者（シュントロフォイ） 86
ウェスタ神殿 66
ウェヌス・ゲネトリクス神殿 44, 91
「生まれ変わった女神」（テア・ネオテラ） 64, 98, 101
ウラエウス 90, 92, 93, 95, 110, 148
《エスクィリーノのヴィーナス》 45, 91
王冠（ディアデマ） 17, 36, 46, 58, 63, 64, 71, 78, 82, 89 - 91, 97 - 99, 110, 133, 136, 148
王冠を担ぐ人たちの行進（ステファネフォリア） 105, 106
王室文書書記官（エピストログラポス） 120, 123, 148
王名枠（カルトゥーシュ）109, 148
王の子供たち（パイデス・バシリコイ） 86
王の親戚（シュンゲネイス） 87
外衣（ペプロス） 74
カイロの石碑 120
カウシア 63, 148
・〜・ディアデマトフォロス 64

カノポスの布告　104, 106, 118
ガビニウスの兵士　33, 122, 148
宦官　32, 37, 38, 67, 87, 88, 149
北風（エテシアイ）　102, 113
着付け担当神官（ストリスト）　107
騎兵　27, 59, 65, 121
・～長官（マギステル・エクィトゥム）43, 149
・～隊長（ヒッパルコス）　121
・～隊（ヒッパルキア）30, 72, 121
キュベレ神の大神官　29
クラミュス　114, 149
クレピデス　64, 149
郡（トポス）　120, 149
郡長官（エピスタテス）120, 123, 149
軍事植民者（クレルコイ，またはカトイコイ）33, 122, 125, 149
県（ノモス）120, 149
県長官（ストラテゴス）〔プトレマイオス時代〕　120, 124, 149
県長官（ノマルケス）〔ファラオ時代〕120
後継者たち（ディアドコイ）17, 20, 82, 83
護衛官長（アルキソマトフュラックス）87
最高指揮官（インペラトル，（希）アウトクラトル）27, 35, 50, 58, 73, 97, 134, 137, 148
財務大臣（ディオイケテス）28, 30, 149
三月イドゥスの日（前44年3月15日）43, 46, 47, 55
三頭政治　48, 55, 67
三人委員　10, 48 - 50, 54, 57, 58, 67, 98, 129, 141, 149
シストルム　93, 133, 149
四分封主（テトラスコス）　66
州（サトラペイア）　16
州総督（サトラペス）　14, 16, 17, 149
シュンナオイ　105, 149
上衣（キトン）90, 93, 149
女神官（ヒエラ）　22, 92, 107, 108
・王冠を担ぐ～（ステファノフォロス）108
・籠を担ぐ～（カネフォロス）107, 148
・賞品を担ぐ～（アトロフォロス）107
・松明を持つ～（フォスフォロス）108
・火を運ぶ－～（ピロフォロス）108
シリア戦争　18, 20
死をともにする人たち（シュンポタヌメネノイ）の会　71
神託所　109
贅沢な生活（トリュフェ）　83, 84, 150
生誕神殿（マンミシ）　42, 111, 149
聖なる結婚（ヒエロ・ガモス）52, 149
セラペイオン　18, 41, 149
セレウコス朝　18, 20, 26, 29, 125
壮丁組（エフェビア）70, 71
体育場長（ギュムナシアルコス）118
地方長官（エピストラテゴス）120, 150
・地方（コラ）の～　120, 150
・テーベの～　120, 123
ティアラ　63, 98, 150
添名（エピクレシス）17, 21, 22, 24, 39, 55, 56, 64, 84, 101, 109, 150
内衣（トゥニカ）　64, 75, 90, 98
独裁官　42 - 46, 91, 117, 138, 150
・終身～　45
土地　33, 119, 122, 125
・王領地（ゲ・バシリケ）119
・下賜地（ゲ・エン・アフェセイ）119
・神殿保有地（ゲ・ヒエラ）119
・贈与地（ゲ・エン・ドレア）119
・軍人保有地（ゲ・クレルキケ）119
トリノの石碑　120
トリュフェ　83, 150
二重王冠（プスケント）111
ネシオタイ同盟　18

バシレウス（女性形はバシリッサ）58, 150
ヒエログリフ（神聖文字）12, 104, 105, 107, 109 - 111
ピトムの石碑　105, 106
ピロス　93, 150
《ファルネーゼの皿》 102
傅育官（トロフェウス）12, 32, 81, 82, 86 - 88, 150
プセンプタイスの石碑　25, 108
プトレマイア祭　86
プトレマイオス朝　10, 12, 15, 16, 18 - 21, 23, 26, 27, 28, 49, 56, 57, 81, 84 - 87, 91, 94, 97 - 100, 102, 108, 113, 119, 121 - 125, 139, 146, 147
ブバステイア祭　105
フラーメン神官　46
ペルガモン図書館　66, 117
豊穣の角（ケラス）　93, 94, 99, 101, 150
《ボスコレアーレのパテラ》 85, 92, 93, 95
歩兵千人隊（キリアルキア）121
歩兵千人隊長（ヘゲモン）121
真似できない生活をする人たち（アミメトビオイ）の会　53, 71, 83, 148
民衆派（ポプラレス）26, 27, 151
民衆文字（デモティック）12, 22, 41, 103 - 105, 107, 111, 112
名祖神官　103
ラフィアの戦い　19, 106, 121
僚友（フィロス）87, 88
・最高の〜（プロトイ・フィロス）87
・次位の〜（ディアドコイ）87
ルペルカリア祭　46
ロゼッタ・ストーン　106

参考文献

ほとんどの古典作品は，Collection des Universités de France (G. Budé) 叢書に対訳つきで収められている．Marie-Laure Freyburger と Jean-Michel Roddazによるディオン・カッシオスの校訂本はきわめて有用である．

H. R. Baldus, Eine Münzprägung auf das Ehepaar Mark Anton-Kleopatra VII, *Schweizer Münzblätter* 33, 1983.

I. Becher, *Das Bild der Kleopatra in der Griechischen und lateinischen Literatur*, Berlin, 1966.

A. Bernand, *Alexandrie la Grande*, Paris, 1966, rééd. 1996.

A. Bernand, *Une journée de Cléopâtre à Alexandrie*, Paris, 1992.

A. Bernand, *Alexandrie des Ptolémées*, Paris, 1995.

E. Bevan, *A History of Egypt under the Ptolemaic Dynasty*, London,1927 ; trad. franç., *Histoire des Lagides*, Paris, 1934.

B. M. C., abréviation de *British Museum Catalogue of Greek Coins*, divers auteurs, 29 vol., London, 1973-1927.

A. Bouché-Leclerq, *Histoire des Lagides*, Paris,1903-1906.

A. K. Bowman, *Egypt after the Pharaohs*, London, 1986.

W. M. Brashear, *Ptolemäische Urkunde aus Mumienkartonnage*, Berlin, 1980.

H. Buchheim, *Die Orientalpolitik des Triumvirs Marcus Antonius*, Heidelberg, 1960.

J. Carcopino, *César et Cléopâtre, Annales des Hautes Etudes de Gand*, I, 1937.

J. Carcopino, *Passion et politique chez les Césars*, Paris, 1958.

L. Cerfaux et J.Tondriau, *Le culte des souverains dans la civilisation gréco-romaine*, Tournai, 1957.

F. Chamoux, *Marc Antoine, dernier prince de l'Orient grec*, Paris, 1986.

M. Chauveau, *L'Egypte au temps de Cléopâtre*, Paris, 1997.

Cleopatra's Egypt, Age of the Ptolemies, catalogue d'exposition. The Brooklyn Museum, New York, 1988 ; en particulier, J. Quaegebeur, « Cleopatra VII and the cults of the Ptolemaic Queens », p.41-54.

M. Della Corte, *Cleopatra, Antonio ed Ottaviano*, Pompei, 1951.

W. Dittenberger, *OGIS*, abréviation de *Orientis Græci Inscriptiones Selectæ*, Leipzig, 1903-1905.

Egypte romaine, catalogue d'exposition, Marseille, 1997 ; en particulier, M. Roddaz, « La bataille d'Actium », p.20-21.

Égyptomania, catalogue d'exposition, Paris, 1994, p.552-581, « Cléopâtre ou les séductions de l'Orient ».

E. Flamarion, *Cléopâtre : vie et mort d'un pharaon*, Paris, 1990 〔エディット・フ

ラマリオン（高野優訳）『クレオパトラ　古代エジプト最後の女王』, 創元社, 1994年〕.
L. Forrer, *Portraits of Royal Ladies on Greek Coins*, Chicago, 1968.
P.-H. Fraser, *Ptolemaic Alexandria*, 3 vol., Oxford, 1972.
M. Grant, *Cleopatra*, London, 1972.
H. Heinen, Caesar und Caesarion, *Historia* 18, Wiesbaden, 1969.
G. Hölbl, *Geschichte des Ptolemäerreiches*, Darmstadt, 1994.
W. Huss, *Der makedonische König und die ägyptischen Priester*, Stuttgart, 1994.
P. Jouguet, *Histoire de la Nation égyptienne*, sous la direction de G. Hanotaux, t.II, Paris, 1936.
L. Hughes-Hallet, *Cleopatra, Histories, Dreams and Distortions*, London, 1990.
B. Lançon et Chr.-G. Schwentzel, *L'Égypte hellénistique et romaine*, Paris, parution prévue en 1998.
G. H. Macurdy, *Hellenistic Queens*, London, 1932.
P.-M. Martin, *Antoine et Cléopâtre, la fin d'un rêve*, Paris, 1991.
K. W. Meiklejohn, Alexander Helios and Caesarion, *Journal of Roman Studies* 24, London, 1934.
P. Moreno, Cleopatra dell'Esquilino, *Archeo* 116, 1994.
A. D. Nock, Neotera, Queen or Goddess?, *Aegyptus* 33, 1953, p.283-296.
S. B. Pomeroy, *Women in Hellenistic Egypt from Alexander to Cleopatra*, New York, 1984.
J. Quaegebeur, Reines ptolémaïques et traditions égyptiennes, Actes du Congrès *Das Ptolemäische Aegypten*, Berlin, 1978.
J. Quaegebeur, Cléopâtre VII et le temple de Dendara, *Göttinger Miszellen* 120, 1991, p.49-72.
L. Ricketts, *The Administration of Ptolemaic Egypt under Cleopatra VII*, Minnesota, 1980.
L. Ricketts, The Administration of Late Ptolemaic Egypt, *Life in a Multi-Cultural Society*, Chicago, 1992, p.275-281.
Th. Schrapel, *Das Reich der Kleopatra*, Trèves, 1996.
K. Vierniesel, Der berliner Kleopatra, *Jahrbuch der Berliner Museen* 22, Berlin, 1980.
H. Volkmann, *Kleopatra, Politik und Propaganda*, Munich, 1953.
O. de Wertheimer, *Cléopâtre*, Paris, 1935.
E. Will, *Histoire politique du monde hellénistique*, t. II, Nancy, 1979-1982.
E. Winter, *Untersuchungen zu ägyptischen Tempelreliefs der Grieschisch-Römischen Zeit*, Vienne, 1968.

その他（訳者による）

Ⅰ 通史・プトレマイオス朝史

秀村欣二／伊藤貞夫『世界の歴史２　ギリシアとヘレニズム』，講談社，1976年.

柘植一雄「プトレマイオス王朝」，『岩波講座 世界歴史2 古代2』（1969年），204〜221頁.

村川堅太郎／秀村欣二『世界の歴史２　ギリシアとローマ』，中央公論社, 1961年.

Cl. Préaux, *Le monde hellenistique : la Grece et l'Orient* (323-146av. J.-C.), Tome 1er, Nouvelle Clio.

D. J. Thompson, Egypt, 146-43B.C., *The Cambridge Ancient History Vol.9, The last age of the Roman Republic 133-44 B.C*, edited by J. A. Crook, Andrew Lintott, Elizabeth Rawson., Cambidge, 1994.

Ⅱ 古典

ウェルギリウス（岡道男ほか訳）『アエネーイス』（西洋古典叢書），京都大学学術出版会，2001年.

カエサル（国原吉之助訳）『内乱記』，講談社学術文庫，1996年.

キケロ（高橋英海ほか訳）『書簡Ⅱ』（キケロー選集14），岩波書店，2001年.

キケロ（大西英文ほか訳）『法廷・政治弁論Ⅴ』（キケロー選集5），岩波書店，2001年.

スエトニウス（国原吉之助訳）『ローマ皇帝伝（上）』，岩波文庫，1986年.

ストラボン（飯尾都人訳）『ギリシア・ローマ世界地誌』，龍渓書舎，1994年.

スパルティアヌスほか（桑山由文ほか訳）『ローマ皇帝群像（２）』，京都大学学術出版会，2006年.

テオクリトス（古沢ゆう子訳）『牧歌』，京都大学学術出版会，2004年.

プロペルティウス（中山恒夫訳）「プロペルティウス詩集」，『ローマ恋愛詩人集』（中山恒夫編訳，国文社，1985年）.

プルタルコス（村川堅太郎ほか訳）『プルタルコス英雄伝（下）』，ちくま学芸文庫，1987年.

ホラティウス（鈴木一郎訳）『ホラティウス全集』，玉川大学出版部，2001年.

フラウィウス・ヨセフス（秦剛平訳）『アピオーンへの反論』，ちくま学芸文庫，2002年.

フラウィウス・ヨセフス（秦剛平訳）『ユダヤ古代誌5』，ちくま学芸文庫，2000年.

フラウィウス・ヨセフス（秦剛平訳）『ユダヤ戦記1』，ちくま学芸文庫，2002年.

C. B. R. Pelling, *Plutarch Life of Antony*, Cambridge, University Press, 1988.

Ⅲ 宗教

吉村作治『吉村作治の古代エジプト講義録クレオパトラの謎』（上・下），講談社，1994年.

Ⅳ 美術・建造物

青柳正規編『ギリシア・クラシックとヘレニズム』（世界美術大全集・西洋編4）小学館，1997年.

ジャン=イヴ・アンプルール（周藤芳幸監訳）『甦るアレクサンドリア』河出書房新社, 1999年.

モスタファ・エル=アバディ（松本慎二訳）『古代アレクサンドリア図書館』，中公新書，1991年.

シャルボノーほか（岡谷公二訳）『ギリシア・ヘレニスティク美術』（人類の美術2），新潮社，1975年.

高階秀爾監修『NHK ルーブル美術館Ⅱ』，日本放送出版協会，1985年.

村田潔編『ギリシア美術』（体系世界の美術5），学研，1979年.

ジゥリオ・ヤコピ／吉川逸治編著『ローマ美術館』（体系世界の美術館7），講談社，1967年.

吉村作治編『クレオパトラ 古代エジプトの終焉』，ニュートンプレス，1999年.

Manfred Clauss, *Alexandria, Eine antike Weltstadt*, Klett-Ctta, Stuttgart, 2003.

Ⅴ 伝記・小説

浅香正『クレオパトラとその時代：ローマ共和政の崩壊』，創元新書，1974年.

A・ウェイゴール（古川達雄訳）『クレオパトラ』，角川書店，1966年.

ゴーチエ（小柳保義訳）「クレオパトラの一夜」（『魔眼：フランス幻想小説』，文元社，2004所収）.

シェイクスピア（小田島雄志訳）『アントニーとクレオパトラ』（白水Uブックス，シェイクスピア全集30），白水社，1983年.

シェイクスピア（小田島雄志訳）『ジュリアス・シーザー』（白水Uブックス，シェイクスピア全集20），白水社，1983年.

P・ファンデンベルク（坂本明美訳）『クレオパトラ：世界帝国を夢みた女』，佑学社，1988年.

マイケル・フォス（田村明子訳）『知っていそうで知らなかったクレオパトラ』，集英社, 2000年.

J・ブノワ=メシャン（両角良彦訳）『クレオパトラ：消え失せし夢』，みすず書房，1979年.

吉村作治『クレオパトラの謎』，講談社現代新書，1983年.

Ⅵ 辞典・事典

Barrington Atlas of the Greek and Roman World, Princeton University Press, 2000.

The Oxford Classical Dictionary, 3rd ed., Oxford University Press, 1996.

訳者略歴
北野徹（きたの・とおる）
一九三八年生まれ
一九六二年東京大学法学部卒
一九七〇〜七二年フランス留学
TIS㈱取締役、日本ケーブル・アンド・ワイヤレスCSL㈱常務、TIS㈱監査役、㈱TIS東北ソフトウエアエンジニアリング社長を歴任
現在、㈲エクステリア総合研究所社長
主要訳書
P・グリマル『ローマの古代都市』（白水社文庫クセジュ七六七番）
P・グリマル『アウグストゥスの世紀』（白水社文庫クセジュ八七二番）
P・グリマル『古代ローマの日常生活』（白水社文庫クセジュ八八五番）
A・グランダッジ『ローマの起源』（白水社文庫クセジュ九〇二番）
D・マクレガー『プロフェッショナル・マネジャー』（共訳、産業能率短期大学出版部）

クレオパトラ

二〇〇七年八月　五日　印刷
二〇〇七年八月二五日　発行

訳　者　© 北　野　　徹
発行者　川　村　雅　之
印刷所　株式会社　平河工業社
発行所　株式会社　白　水　社

東京都千代田区神田小川町三の二四
電話　営業部〇三（三二九一）七八一一
　　　編集部〇三（三二九一）七八二一
振替　〇〇一九〇―五―三三二二八
　　　郵便番号一〇一―〇〇五二
http://www.hakusuisha.co.jp
乱丁・落丁本は、送料小社負担にてお取り替えいたします。

製本：平河工業社

ISBN978-4-560-50915-9
Printed in Japan

文庫クセジュ

歴史・地理・民族（俗）学

18 フランス革命
62 ルネサンス
79 ナポレオン
116 英国史
133 十字軍
160 ラテン・アメリカ史
191 ルイ十四世
202 世界の農業地理
297 アフリカの民族と文化
309 パリ・コミューン
338 ロシア革命
351 ヨーロッパ文明史
382 海賊
412 アメリカの黒人
418〜421 年表世界史
428 宗教戦争
446 東南アジアの地理
454 ローマ共和政
458 ジャンヌ・ダルク
484 宗教改革
491 アステカ文明
506 ヒトラーとナチズム
528 ジプシー
530 森林の歴史
536 アッチラとフン族
541 アメリカ合衆国の地理
557 ジンギスカン
566 ムッソリーニとファシズム
568 ブラジル
586 トルコ史
590 中世ヨーロッパの生活
597 ヒマラヤ
602 末期ローマ帝国
604 テンプル騎士団
610 インカ文明
615 ファシズム
636 メジチ家の世紀
648 マヤ文明
660 朝鮮史
664 新しい地理学
665 イスパノアメリカの征服
684 ガリカニスム
689 言語の地理学
705 対独協力の歴史
709 ドレーフュス事件
713 古代エジプト
719 フランスの民族学
724 バルト三国
731 スペイン史
732 フランス革命史
735 バスク人
743 スペイン内戦
747 ルーマニア史
752 オランダ史
755 朝鮮半島を見る基礎知識
760 ヨーロッパの民族学
766 ジャンヌ・ダルクの実像
767 ローマの古代都市
769 中国の外交

文庫クセジュ

781 カルタゴ
782 カンボジア
790 ベルギー史
791 アイルランド
806 中世フランスの騎士
810 闘牛への招待
812 ポエニ戦争
813 ヴェルサイユの歴史
814 ハンガリー
815 メキシコ史
816 コルシカ島
819 戦時下のアルザス・ロレーヌ
823 レコンキスタの歴史
825 ヴェネツィア史
826 東南アジア史
827 スロヴェニア
828 クロアチア
831 クローヴィス
834 プランタジネット家の人びと
842 コモロ諸島

853 パリの歴史
856 インディヘニスモ
857 アルジェリア近現代史
858 ガンジーの実像
859 アレクサンドロス大王
861 多文化主義とは何か
864 百年戦争
865 ヴァイマル共和国
870 ビザンツ帝国史
871 ナポレオンの生涯
872 アウグストゥスの世紀
876 悪魔の文化史
877 中欧論
879 ジョージ王朝時代のイギリス
882 聖王ルイの世紀
883 皇帝ユスティニアヌス
885 古代ローマの日常生活
889 バビロン
890 チェチェン
896 カタルーニャの歴史と文化

897 お風呂の歴史
898 フランス領ポリネシア
902 ローマの起源
903 石油の歴史
904 カザフスタン
906 フランスの温泉リゾート

文庫クセジュ

哲学・心理学・宗教

13 実存主義
25 マルクス主義
107 世界哲学史
114 プロテスタントの歴史
149 カトリックの歴史
193 哲学入門
196 道徳思想史
199 秘密結社
228 言語と思考
252 神秘主義
326 プラトン
342 ギリシアの神託
355 インドの哲学
362 ヨーロッパ中世の哲学
368 原始キリスト教
374 現象学
400 ユダヤ思想
415 新約聖書
417 デカルトと合理主義
438 カトリック神学
444 旧約聖書
459 現代フランスの哲学
461 新しい児童心理学
468 構造主義
474 無神論
480 キリスト教図像学
487 ソクラテス以前の哲学
499 カント哲学
500 マルクス以後のマルクス主義
510 ギリシアの政治思想
519 発生的認識論
520 アナーキズム
525 錬金術
535 占星術
542 ヘーゲル哲学
546 異端審問
558 伝説の国
576 キリスト教思想
592 秘儀伝授
594 ヨーガ
607 東方正教会
625 異端カタリ派
680 ドイツ哲学史
697 オプス・デイ
704 トマス哲学入門
707 仏教
708 死海写本
710 心理学の歴史
722 薔薇十字団
723 インド教
733 死後の世界
738 医の倫理
739 心霊主義
742 ベルクソン
745 ユダヤ教の歴史
749 ショーペンハウアー
751 ことばの心理学
754 パスカルの哲学
762 キルケゴール

文庫クセジュ

763 エゾテリスム思想
764 認知神経心理学
768 ニーチェ
773 エピステモロジー
778 フリーメーソン
779 ライプニッツ
780 超心理学
789 ロシア・ソヴィエト哲学史
793 フランス宗教史
802 ミシェル・フーコー
807 ドイツ古典哲学
809 カトリック神学入門
818 カバラ
835 セネカ
848 マニ教
851 芸術哲学入門
854 子どもの絵の心理学入門
862 ソフィスト列伝
863 オルフェウス教
866 透視術
874 コミュニケーションの美学
880 芸術療法入門
881 聖パウロ
891 科学哲学
892 新約聖書入門
900 サルトル
905 キリスト教シンボル事典

文庫クセジュ

芸術・趣味

64 音楽の形式
88 音楽の歴史
158 世界演劇史
306 スペイン音楽
313 管弦楽
333 バロック芸術
336 フランス歌曲とドイツ歌曲
373 シェイクスピアとエリザベス朝演劇
377 花の歴史
448 和声の歴史
481 バレエの歴史
492 フランス古典劇
554 服飾の歴史—古代・中世篇—
589 イタリア音楽史
591 服飾の歴史—近世・近代篇—
662 愛書趣味
674 フーガ
682 香辛料の世界史
683 テニス
686 ワーグナーと《指環》四部作
699 バレエ入門
700 モーツァルトの宗教音楽
703 オーケストラ
718 ソルフェージュ
727 印象派
728 書物の歴史
734 美学
748 フランス詩の歴史
750 スポーツの歴史
765 絵画の技法
771 建築の歴史
772 コメディ=フランセーズ
785 バロックの精神
801 ワインの文化史
804 フランスのサッカー
805 タンゴへの招待
808 おもちゃの歴史
811 グレゴリオ聖歌
820 フランス古典喜劇
821 美術史入門
836 中世の芸術
849 博物館学への招待
850 中世イタリア絵画
852 二十世紀の建築
860 洞窟探検入門
867 フランスの美術館・博物館
886 イタリア・オペラ
908 チェスへの招待